BERATEN IN DER ARBEITSWELT

Herausgegeben von
Stefan Busse, Rolf Haubl und Heidi Möller

Rolf Haubl

Emotionen bei der Arbeit

Reflexionshilfen für Beratende

Vandenhoeck & Ruprecht

Bibliografische Information der Deutschen Nationalbibliothek:
Die Deutsche Nationalbibliothek verzeichnet diese Publikation in der
Deutschen Nationalbibliografie; detaillierte bibliografische Daten sind
im Internet über http://dnb.de abrufbar.

© 2018, Vandenhoeck & Ruprecht GmbH & Co. KG,
Theaterstraße 13, D-37073 Göttingen
Alle Rechte vorbehalten. Das Werk und seine Teile sind urheberrechtlich
geschützt. Jede Verwertung in anderen als den gesetzlich zugelassenen Fällen
bedarf der vorherigen schriftlichen Einwilligung des Verlages.

Umschlagabbildung: Mushakesa/shutterstock.com

Satz: SchwabScantechnik, Göttingen
Druck und Bindung: ♻ Hubert & Co. BuchPartner, Göttingen
Printed in the EU

Vandenhoeck & Ruprecht Verlage | www.vandenhoeck-ruprecht-verlage.com

ISBN 978-3-525-40293-1

Inhalt

Zu dieser Buchreihe 7

1 Einleitung 9

2 Sozio- und Psychodynamik in Organisationen 12
  Selektion und Sozialisation 13
  Gefahren für die Organisation 14
  Regeln in Organisationen 16
  Latenzschutz 17

3 Rolle und Person 19
  Mitgliedschaft in Organisationen 20
  Rollen- und andere Konflikte 22
  Eine Rolle übernehmen 23

4 Emotionalität und Emotionen 27
  Emotionen 28
  Emotionsregulierung 30
  Emotionsregeln 32
  Perspektivenübernahme, empathische Grundhaltung
  und Authentizität 33

5	Logik der Emotionen – Fallvignetten	36
	Machtgefühl und gefühlte Ohnmacht	37
	Angst, Furcht und Angstlust	40
	Misstrauen	44
	Neid	48
	Gier und Geiz	51
	Selbstwert und gefühlte Minderwertigkeit	53
	Schamgefühl und Beschämung	57
	Stolz, Hochmut und Arroganz	60
	Langeweile	63
	Schuld und Schuldgefühl	66
	Ärger und Groll	69
	Zorn und Empörung	73
	Rache	76
	Ekel und Verachtung	80
	Enttäuschung	83
	Traurigkeit und Trauer	85
6	Die Emotionen der Beratenden	89
7	Bücher zur Vertiefung	91

Zu dieser Buchreihe

Die Reihe wendet sich an erfahrene Berater/-innen und Personalverantwortliche, die Beratung beauftragen, die Lust haben, scheinbar vertraute Positionen neu zu entdecken, neue Positionen kennenzulernen, und die auch angeregt werden wollen, eigene zu beziehen. Wir denken aber auch an Kolleginnen und Kollegen in der Aus- und Weiterbildung, die neben dem Bedürfnis, sich Beratungsexpertise anzueignen, verfolgen wollen, was in der Community praktisch, theoretisch und diskursiv en vogue ist. Als weitere Zielgruppe haben wir mit dieser Reihe Beratungsforscher/-innen, die den Dialog mit einer theoretisch aufgeklärten Praxis und einer praxisaffinen Theorie verfolgen und mit gestalten wollen, im Blick.

Theoretische wie konzeptuelle Basics als auch aktuelle Trends werden pointiert, kompakt, aber auch kritisch und kontrovers dargestellt und besprochen. Komprimierende Darstellungen »verstreuten« Wissens als auch theoretische wie konzeptuelle Weiterentwicklungen von Beratungsansätzen sollen hier Platz haben. Die Bände wollen auf je rund 90 Seiten den Leserinnen und Lesern die Option eröffnen, sich mit den Themen intensiver vertraut zu machen, als dies bei der Lektüre kleinerer Formate wie Zeitschriftenaufsätzen oder Hand- oder Lehrbuchartikeln möglich ist.

Die Autorinnen und Autoren der Reihe werden Themen bearbeiten, die sie aktuell selbst beschäftigen und umtreiben, die aber auch in der Beratungscommunity Virulenz haben und Aufmerksamkeit finden. So werden die Texte nicht einfach abgehangenes Beratungswissen nochmals offerieren und aufbereiten, sondern sich an den vordersten Linien aktueller und brisanter Themen und Fragestellungen von

Beratung in der Arbeitswelt bewegen. Der gemeinsame Fokus liegt dabei auf einer handwerklich fundierten, theoretisch verankerten und gesellschaftlich verantwortlichen Beratung. Die Reihe versteht sich dabei als methoden- und schulenübergreifend, in der nicht einzelne Positionen prämiert werden, sondern zu einem transdisziplinären und interprofessionellen Dialog in der Beratungsszene angeregt wird.

Wir laden Sie als Leserinnen und Leser dazu ein, sich von der Themenauswahl und der kompakten Qualität der Texte für Ihren Arbeitsalltag in den Feldern Supervision, Coaching und Organisationsberatung inspirieren zu lassen.

Stefan Busse, Rolf Haubl, Heidi Möller

1 Einleitung

Organisationen, inklusive Unternehmen, sind aus unser aller Leben nicht wegzudenken. Jeder von uns ist Mitglied irgendeiner Organisation. Mehr noch: Wir alle gehören immer gleichzeitig mehreren Organisationen an, in denen wir aufgabenspezifische Rollen übernehmen, die wir gestalten müssen, und die nicht immer konfliktfrei zueinanderpassen. Vielen Menschen, mit denen wir täglich zu tun haben, begegnen wir als Rollenträger: wir ihnen und sie uns.

Organisationen werden gegründet, um existenzielle gesellschaftliche Probleme so gut wie möglich zu lösen. Um Lösungswege zu optimieren, benötigen Organisationen mitunter Beratung. Für diesen Bedarf haben sich verschiedene professionelle Beratungsformate entwickelt, die Organisationen helfen, die richtigen Fragen zu stellen, um weiterführende Antworten zu finden, Fragen wie z. B.:

- Worin besteht die »primäre Aufgabe« einer bestimmten Organisation bzw. eines bestimmten Rollenträgers?
- Was ist das »primäre Risiko« der primären Aufgabe?
- Was gilt es zu tun, um das Risiko zu verringern und die Aufgabe zu erfüllen?
- Ist man sich in der Organisation überhaupt über die Situationsdefinition einig?

Bilden die primäre Aufgabe und das primäre Risiko einen generellen Handlungsrahmen, so kommen Fragen nach den jeweils aktuellen Handlungsbedingungen hinzu:

- In welcher Phase ihres Lebenszyklus ist unsere Organisation? Befindet sie sich »im Aufbruch«? Oder ist sie eine »sterbende Organisation«, die – metaphorisch gesprochen – mit ihrer Trauer kämpft und dabei Gefahr läuft, ihren Blick für die verbleibenden Möglichkeiten zu verlieren?
- Hat unsere Organisation die Zeichen der Zeit richtig erkannt, um sich Erfolg versprechend aufzustellen bzw. sich immer wieder neu zu erfinden? Ist sie bereit, dafür ein paar »heilige Kühe zu schlachten«? Oder hegt sie heimlich die destruktive Phantasie, »in Schönheit unterzugehen«?
- Welcher Rollenträger benötigt welche Ressourcen, um seine primäre Aufgabe hinreichend gut zu erfüllen? Welche stehen ihm tatsächlich zur Verfügung? Welche der fehlenden kann er sich wie beschaffen? Welche Gratifikationen erhält er, die ihn wie motivieren? Wie zufrieden ist er mit dem Gesamtergebnis?

Die Liste der Fragen, die Organisations- und Rollenanalysen vorantreiben, ist lang und lässt sich ohne Weiteres verlängern. In diesem Buch versuche ich mich an vorläufigen Antworten, sozusagen als Vorstufe einer systematischen Theoriebildung. Im Fokus stehen hierbei Emotionen als konstitutive Faktoren für das Handeln in Rollen, wie es in Non-Profit- und Profit-Organisationen zu beobachten ist.

Bis vor nicht allzu langer Zeit galt es in der Wissenschaft, sehr viel weniger in der Praxis, als ausgemacht, die Rationalität allen sozialen Handelns zu betonen. Inzwischen hat sich diese Grundannahme aber längst als rationalistisches Vorurteil erwiesen. Wenn ich vor diesem Hintergrund den Emotionen dennoch eine Logik unterstelle, dann nicht, um sie erneut zu rationalisieren, sondern um herauszustellen, dass sie sich als repetitives Muster menschlichen Erlebens und Handelns rekonstruieren lassen und nachvollziehbar sind.

Das Buch habe ich auf der Suche nach Wissensbeständen geschrieben, die für Beratungsprozesse in der Arbeitswelt (Supervision, Coaching, Organisationsanalyse und -beratung) relevant sind. Ich präsentiere keine Schlussworte, sondern möchte alle theoretisch und praktisch interessierte Beratende[1] dazu einladen, sich über ihre emotionalen Erfahrungen als Thema professioneller Selbstreflexion zu verständigen. Es versteht sich dabei nahezu von selbst, dass sich die Emotionen der Klienten bzw. Kunden und die Emotionen der Beratenden wechselseitig beeinflussen. Und dass ein Beratungsprozess zu kurz greift, der nicht auf die Emotionen von allen beteiligten Akteuren achtet und sie nutzt, um zu verstehen, was sich oft unter der Oberfläche offensichtlicher Vorgänge abspielt. Den Blick für dieses zunächst Unsichtbare zu schärfen, ist das Anliegen meines Buchs.

Gefragt, ob das Buch aus einer spezifischen theoretischen Perspektive geschrieben ist – eine naheliegende berechtigte Frage: nein, meinem Selbstverständnis folgend, bringt es unterschiedliche, aber anschlussfähige Denkweisen zusammen. Wer in meiner Darstellung etliche Züge psychodynamischen und sozioanalytischen Denkens ausmacht, der trifft einen zentralen Punkt. Gemessen an dem üblichen wissenschaftlichen Argumentationsprozess, ist das in diesem Buch gewählte Vorgehen vergleichsweise »unsauber«. Man möge mir das nicht als Unfähigkeit auslegen, sondern als Versuch, mein (eklektisches) Wissen, das ich in meiner Beratungspraxis nutze, fasslich zu machen und meinen Kolleginnen und Kollegen zur Verfügung zu stellen, damit aus vielen subjektiven Wissensbeständen nach und nach intersubjektiv geprüftes Wissen werden kann.

---

1 Wenn möglich wird eine geschlechtsunspezifische Formulierung gewählt, ist dies nicht möglich, wird von »Rollenträgern«, »Akteuren«, »Klienten« usw. gesprochen – diese Formulierungen sind als geschlechtsunspezifische Bezeichnungen zu verstehen.

2 Sozio- und Psychodynamik in Organisationen

Die Begriffe »Organisation« und »Institution« werden von Theorien unterschiedlich definiert und verwendet. Ich setze in meiner Gebrauchsweise zwei Markierungspunkte: Organisationen sind soziale Regelsysteme, die auf Effektivität und Effizienz zielen und deshalb auch Veränderungen als »schöpferische Zerstörung« grundsätzlich gutheißen. Dagegen sind Institutionen soziale Regelsysteme mit einem größeren Beharrungsvermögen, die Stabilität über Effektivität und Effizienz stellen und Veränderungsdruck vermeiden. Favorisieren Institutionen eine identische Reproduktion der tradierten Verhältnisse, so setzen Organisationen auf Innovation. Historisch betrachtet, gehören Institutionen damit eher der Vormoderne und Organisationen eher der Moderne an. Freilich bilden idealtypische Unterscheidungen die soziale Wirklichkeit immer nur annähernd ab, weshalb mit Überschneidungen zwischen Organisationen und Institutionen zu rechnen ist. So sind Regeln in Organisationen immer mehr oder weniger institutionalisiert, was heißt: schnellen Veränderungen entzogen, um keine Destabilisierung des sozialen Systems zu riskieren. Infolgedessen kommt es in Organisationen, um die es hier geht, zu einer Kombination beider Prinzipien: Innovation ja, aber nur dann, wenn es gute Gründe für die Annahme gibt, dass die Kosten-Nutzen-Rechnung nach der Innovation besser ist als zuvor.

Damit gibt es in Organisationen zwei Fälle von Fehlentwicklung: Im ersten Fall werden Praktiken und Verfahren beibehalten, die längst nicht mehr den aktuellen Anforderungen entsprechen, weil sich die Erfolgsbedingungen der Organisation unbemerkt verändert haben.

Im zweiten Fall werden Praktiken und Verfahren so schnell ausgemustert, dass sie keine Chance bekommen, sich zu bewähren.

Stabilisiert sich eine Organisation durch Institutionalisierung, geht das oft auf Kosten eines kontinuierlichen Prozesses reflexiver Realitätsprüfung. Selbstschädigend wird dieser Prozess für Organisationen, wenn Tabuisierungen zu greifen beginnen, so dass wer (offen) für Innovationen eintritt, mit Sanktionen rechnen muss. Auf dem Gipfel einer solchen destruktiven Entwicklung kann eine Organisation ihre Existenz aufs Spiel setzen, um sakrosankte Traditionen nicht in Frage stellen zu müssen.

Selektion und Sozialisation

Organisationen überleben nur, wenn es ihnen gelingt, per Selektion und Sozialisation genügend geeignete Mitglieder zu binden. Selektion erfolgt nicht zufällig, sondern nach geprüfter Eignung; Sozialisation zielt darüber hinaus auf die Herstellung einer hinreichenden Anpassung an die bestehende Organisationskultur.

Jedes neue Mitglied birgt für die Organisation Chancen und Risiken. Denn die Neuen sind potenziell Träger von Innovationen, die von den einen als positive Veränderungen begrüßt, von den anderen aber als negative Veränderungen beklagt werden. Unter Umständen trifft in solchen Situationen ein nostalgisches »früher war alles besser« auf ein manisches »nichts war früher gut«. Gibt es in einer Organisation verschiedene Fraktionen, wird versucht, die neuen Mitglieder schnell zu vereinnahmen. Für welche der Fraktionen entscheiden sie sich? Meist wird dabei von allen Fraktionen suggeriert, es gäbe keine neutrale Position (»Wer nicht für uns ist, ist gegen uns.«). Die eingespielte Machtkonstellation in einer Organisation kann neue Mitglieder unter Veränderungsdruck setzen. Versuchen sie, neutral zu bleiben, muss mit überraschenden Fall-zu-Fall-Entscheidungen gerechnet werden, die konfliktträchtig sind. Immer wieder kommt es vor, dass eine Fraktion ihre eigenen unbewältigten Zugehörigkeits- und

Loyalitätskonflikte austrägt, indem sie diese Konflikte unreflektiert an die Neuen delegiert.

Organisationen, die Nachwuchssorgen haben, können ihre Selektions- und Sozialisationsstandards senken, um nicht »auszusterben«. Allerdings droht ihnen dadurch ein Qualitätsverlust, der die Erfüllung ihrer primären Aufgabe schwächt bzw. ihr primäres Risiko erhöht. Zwischenzeitlich können sie allerdings gegenläufig sogar ihre Standards anheben, um buchstäblich exklusiver zu werden und dadurch ein Versprechen von besonders hoher Qualität in Szene zu setzen, das die Attraktivität für eine Bewerbung von Spitzenkräften steigern soll.

Gefahren für die Organisation

In modernen Gesellschaften ist das maßgebliche Entscheidungsprinzip immer seltener das Prinzip von Befehl und Gehorsam. An seine Stelle tritt das Prinzip des Verhandelns, zumindest als regulative Idee. So gesehen, ist eine Organisation umso moderner, je mehr sie über einen Verhandlungsprozess strukturiert wird, der ihren Mitgliedern hohe Partizipationschancen bietet. Ein solcher Verhandlungsprozess ist idealerweise transparent und sorgt über fortlaufende Evaluationen dafür, dass weniger effektive und effiziente Praktiken und Verfahren samt der sie umsetzenden Rollenträger durch effektivere und effizientere ersetzt werden. Wie gesagt: eine regulative Idee. Ihre Verwirklichung setzt schwache soziale Bindungen voraus. Je schwächer sie aber werden, desto mehr wächst zugleich eine Sehnsucht nach unkündbarer identitätsstiftender Zugehörigkeit, die auf haltbaren Wissensbeständen und verlässlichen Regeln beruht. Kontingenz ist in der Perspektive dieser Sehnsucht keine begrüßte Wahlfreiheit, sondern eine psychische Belastung, was Organisationen langfristig gefährden kann. Neben Organisationen mit schwachen sozialen Bindungen gibt es freilich nach wie vor auch solche, die starke soziale Bindungen anbieten. Ihre Schattenseite sind »gierige Organisationen«, die sich nicht mit einem rollenförmigen Engagement ihrer Mitglieder begnügen, sondern auf eine familienähnliche Vereinnahmung und Verwertung der ganzen Person zielen.

Der Bestand einer Organisation kann ebenfalls gefährdet sein, wenn die primäre Aufgabe und das primäre Risiko nicht im Gleichgewicht sind. Primäre Aufgabe und primäres Risiko haben eine wertrationale und eine zweckrationale Komponente, die ausbalanciert werden müssen, da der Vorrang einer der beiden Orientierungen den Bestand einer Organisation gefährden kann. Zweckrational dominierte Organisationen gehen von den ihnen zur Verfügung stehenden Ressourcen aus und machen bei Bedarf pragmatische Abstriche an ihrer Wertorientierung. Wertrational dominierte Organisationen gehen von ihren Werten aus und setzen alles daran, die Ressourcen zu beschaffen, die es braucht, um die Werte zu realisieren.

Riskant sind Organisationen, deren primäre Aufgabe die Realisierung eines absoluten Wertes ist. Solche Organisationen halten auch dann an ihrer Wertorientierung fest, wenn die Ressourcen dauerhaft fehlen. Es kann sogar zu einer Reaktanz kommen. Dann wird der betreffende Wert umso stärker betont, je unwahrscheinlicher seine Realisierung ist. Wenn eine solche Situation entsteht, geraten Organisationsmitglieder, die zweckorientiert-pragmatisch vorgehen, leicht in Verdacht, »Verräter« zu sein. Im Gegenzug wehren sich diese, indem sie in den Verteidigern des Wertes die »Totengräber« der Organisation sehen. Unter solchen Bedingungen wird das, was Organisationsmitglieder tun oder lassen zu einem erbrachten oder verweigerten Loyalitätsbeweis. Alle beobachten sich gegenseitig, wer zu welcher Fraktion gehört. Dass in einem solchen Handlungsrahmen eine Organisation schnell an Handlungsfähigkeit verlieren kann und dadurch ihren Bestand gefährdet, bleibt oftmals lange unbemerkt.

Eine wirksame, aber letztlich wenig konstruktive Bewältigungsstrategie dieses Problems besteht darin, einen Feind im Außen auszumachen, dem die Absicht zugeschrieben wird, der Organisation zu schaden. Gemeinsam bedroht, schließen sich die Fraktionen zu einer Notgemeinschaft zusammen. Oft geht eine solche Einigung aber zu Lasten der Realitätsprüfung. Denn der »Außenfeind« wird gern als ein Stereotyp entworfen, das man für zweifellos wahr und richtig hält. Folglich erscheint jedes Organisationsmitglied, das an dieser Einschätzung zweifelt, als illoyal und wird dementsprechend behandelt.

In Fällen, in denen die Outgroup dieselben Integrationsprobleme hat wie die Ingroup, stabilisieren sie sich gegenseitig darüber, dass sie trotz unüberwindlicher Gegensätze nicht voneinander lassen können. Kohärenz kommt dann auch durch eine Verleugnung von Binnendifferenzen innerhalb der Gruppen zustande. Der jeweilige Außenfeind muss der ganz andere sein und fremd bleiben, um die betroffene Ingroup weiterhin zu stabilisieren.

Regeln in Organisationen

Organisationen schaffen Ordnung, indem sie Regeln (Konventionen, Normen, Gesetze) institutionalisieren. Manche der Regeln gelten formell, sind ausformuliert und insoweit bewusst. Andere gelten praktisch, ohne ausformuliert zu sein, mithin informell, aber damit nicht zwangsläufig weniger bewusst. Während formelle Regeln einen deklarierten Geltungsbereich haben, trifft dies bei informellen Regeln nicht gleichermaßen zu. Ihr Geltungsbereich ist unschärfer und es dauert länger, bis ein neues Organisationsmitglied ihren Grenzverlauf gelernt hat. Wer in eine Organisation eintritt, muss die formell und informell geltenden Regeln verinnerlichen, um dazuzugehören.

Sie oder er muss wissen:
- Gelten in einer bestimmten Situation eher die formellen oder die informellen Regeln?
- Lässt sich eine Regelverletzung im Falle informeller Regeln genauso einklagen wie im Fall formeller Regeln?

- In welchem Verhältnis stehen beide Regelarten zueinander?
- Was, wenn informelle Regeln wirkmächtiger sind als formelle, wodurch in der Organisation eine Art Parallelwelt entsteht?

Ein neues Organisationsmitglied wird davon erst einmal wenig wissen und folglich unsicher sein, Irrtümer begehen. Es muss sich einarbeiten, was nicht nur die Sach- und Fachkompetenz zur Erfüllung seiner primären Aufgabe betrifft, sondern auch seine soziokulturelle Integration. Am Ende einer erfolgreichen Probezeit weiß das neue Organisationsmitglied, was von ihm als Rollenträger (nicht) erwartet wird und was es selbst (nicht) erwarten darf. Ist der Druck, sich widerstandslos anzupassen, anfangs hoch, nimmt er mit zufriedenstellenden Loyalitätsbeweisen ab, was den Neuen erlaubt, Neues beizutragen. Eben noch skeptisch oder gar feindselig beäugt, finden ihre Innovationsvorschläge nunmehr Gehör.

Latenzschutz

Jede Organisation betreibt Latenzschutz, indem sie ihren Mitgliedern abverlangt, bestimmte Gedanken, Gefühle und Handlungsbereitschaften unter Androhung von Sanktionen nicht zu thematisieren. Positiv betrachtet, bewahrt Latenzschutz eine Organisation vor einem Problemdruck, der vermeintlich nicht zu bewältigen ist, und dosiert ihn so, dass er bewältigbar erscheint. Organisationsmitglieder können diese Verbote bewusst befolgen, um sich keinen negativen Sanktionen auszusetzen, obwohl sie die Verbote nicht für zweckmäßig halten; sie können sie aber auch befolgen, weil sie sich mit ihnen identifizieren, wodurch der Problemdruck sinkt; mit ihm lässt zugleich auch das Problembewusstsein nach.

Manche Thematisierungsverbote sind bewusstseinsferner. Dann werden nicht nur kritische Inhalte verschwiegen, sondern es wird auch »vergessen«, dass man sie nicht thematisieren darf. Damit keine explanativen Leerstellen entstehen, werden dann Rationalisierungen konstruiert, mit denen sich die Organisationsmitglieder selbst davon überzeugen, dass es gar nichts zu thematisieren gibt. Wir wissen aber: Rationalisierungen sind Selbsttäuschungen.

Latenzschutz, negativ akzentuiert, dient dazu, Rationalisierungen aufrechtzuerhalten und damit auch Gedanken, Gefühle und Handlungsbereitschaften zu hemmen, die den Status quo in Frage stellen könnten. Dadurch werden zum Beispiel Machtverhältnisse stabilisiert, die sich nicht überzeugend legitimieren lassen. Wenn Organisationen einen Veränderungsprozess in Gang setzen, müssen sie den Latenzschutz beachten, um die Organisationsmitglieder nicht zu überfordern, zugleich aber auch den Latenzschutz lockern, damit thematisiert werden kann, was eine Organisationsentwicklung erschwert oder sogar verhindert. Dies ist neben der Frage der Dosierung immer auch eine Frage der Terminierung. Wann trauen sich die Organisationsmitglieder zu, sich einem schwer kontrollierbaren, vielleicht sogar chaotischen Veränderungsprozess zu stellen?

3 Rolle und Person

Die operative Binnenstruktur von Organisationen ist von Rollen und deren Trägern bestimmt, von denen erwartet wird, dass sie ihre primäre Aufgabe erfüllen und ihr primäres Risiko vermeiden. Zu diesem Zweck müssen die Organisationsmitglieder ihre Subjektivität so weit zurückstellen, dass ihnen eine reibungslose Positionierung innerhalb einer mehr oder weniger steilen Hierarchie gelingt. Dazu ist ein Balanceakt vonnöten. Ohne Subjektivität fehlt es an intrinsischer Motivation, überhaupt eine Rolle zu übernehmen und zu gestalten. Im Vergleich dazu birgt eine überbordende Subjektivität die Gefahr, dass Rollenträger ihre Rollen für die Befriedigung egoistischer organisationsfremder oder sogar organisationsfeindlicher Bedürfnisse missbrauchen. Um dieser Gefahr vorzubeugen, institutionalisieren Organisationen sanktionsbewehrte Kontrollmechanismen. Die schärfsten Kontrollen setzen auf Zwang, erzeugen damit aber oftmals nur einen (kostspieligen) Widerstand. Deshalb bevorzugen es Organisationen, dass ihre Mitglieder freiwillig tun, was sie tun sollen.

Um eine Passung von Person und Rolle kommt keine Organisation herum. Dass dies keine Selbstverständlichkeit ist, lässt sich unter anderem an Organisationen des psychosozialen Sektors beobachten. Nicht selten gewichten sie die Person höher als die Rolle. Gleiches gilt bereits bei der Besetzung von Rollen. Diese werden oft nicht nach einem rollenbezogenen Kompetenzprofil vergeben, sondern nach einer wahrgenommenen charakterlichen Passung. Man kann hier von einer Psychologisierung sprechen. Wo sie die Wahrnehmung bestimmt, werden auch Strukturdefizite als persönliche Defizite behandelt, was in Krisensituationen die Wahl eines Sündenbocks begünstigt.

Eine solche Psychologisierung impliziert oft eine fragwürdige Einstellung zur Macht. Vor allem in sozialen Organisationen hat Macht eine schlechte Presse. Zugespitzt formuliert: sie wird oft als moralisch bedenkliches Machtstreben diffamiert, obwohl keine Organisation ohne Rollenträger mit einer – breit akzeptierten – unterschiedlichen formellen Gestaltungsmacht auskommt. Diese psychologisierenden Vorgänge haben gravierende Folgen:

- Organisationsmitglieder, die sich um Leitungsrollen bewerben, werden verdächtigt, nur ihren persönlichen Machtgelüsten zu folgen. Um diesem Verdacht zu entgehen, bewerben sich geeignete Personen häufig gar nicht erst. Gelegentlich bleiben – nach der Dynamik einer sich selbst erfüllenden Prophezeiung – dann nur Organisationsmitglieder für Leitungsrollen übrig, die tatsächlich solche (narzisstischen) Tendenzen haben.
- Oder es werden solche Organisationsmitglieder gedrängt, Leitungsrollen zu übernehmen, die sich dafür nicht eignen, weil sie dieselben Vorbehalte gegen Macht haben, wie die meisten anderen Mitglieder auch. Zum Schaden der Organisation versagen sie, weil sie gar nicht erfolgreich sein dürfen. Wären sie erfolgreich, müssten sie ihre Einstellung zum Machtgebrauch revidieren.

Mitgliedschaft in Organisationen

Aus Sicht der Organisation ist es unerheblich, aus welchen Gründen eine Person Mitglied wird, solange sie dort tut, was sie soll. Die Organisation unterstellt bis auf Weiteres, dass es eine generalisierte Motivation gibt, die institutionalisierten Vorgaben anzuerkennen – und zwar vorbehaltlos. Wer sich den Erwartungen entzieht, hat mit Sanktionen zu rechnen und setzt seine Mitgliedschaft aufs Spiel.

Dabei gilt die Einschränkung, dass Kritik möglich bleiben muss, weil sie den Kern einer notwendigen Innovation enthalten kann. Freilich wird erwartet, dass die Kritik im Rahmen bleibt, d. h., ein Rollenträger darf die Sinnhaftigkeit seiner primären Aufgabe und deren zweckmäßige Erfüllung nicht, zumindest nicht grundsätzlich, in Frage stellen.

Mitgliedschaft impliziert eine reziproke Bindung: die Bereitschaft einer Organisation, einer Person den Status eines Mitglieds anzubieten und sie dementsprechend zu binden, sowie die Bereitschaft der Person, sich dementsprechend an die Organisation binden zu lassen. Das bevorzugte Bindemittel in Organisationen sind Geldzahlungen. So jedenfalls wird immer wieder behauptet. Wäre dies tatsächlich der Fall, könnte ein Mangel an anderen Gratifikationen jederzeit monetär kompensiert werden. Das trifft allerdings nicht zu. Es gibt weitere Gratifikationen, deren Präferenzen intersubjektiv variieren. Geldzahlungen sind wichtig, aber (ab einer zufriedenstellenden Höhe) nicht ausschlaggebend, deshalb greift eine rein ökonomische Interpretation zu kurz. Wer eine Rolle übernimmt und gestaltet, tut dies nicht nur, um Geld zu verdienen. Es kommt eine Reihe von psychosozialen Gratifikationen hinzu, die nach Maßgabe bestimmter Bedingungen – z. B. in Abhängigkeit von der bisherigen Karriere und kritischen Lebensereignissen – priorisiert werden können. So bieten die Übernahme und Gestaltung einer Rolle eine raum-zeitliche Strukturierung des Alltags und infolgedessen basalen Halt an. Darüber hinaus vermitteln sie soziales Ansehen, Zugehörigkeit und Partizipation. Weiterhin tragen Rollen zur Identitätsstiftung und Identitätsdarstellung bei. Und schließlich darf angenommen werden, dass die (unbewusste) Wahl und Ausgestaltung einer Rolle im Dienst einer (gelungenen oder misslungenen) psychischen Stabilisierung stehen kann. Dann erweist sich das Rollenprofil eines Organisationsmitgliedes als Lösung persönlicher Konflikte, die lebensgeschichtlich motiviert sind. In der Moderne wird vor allem Selbstverwirklichung betont, die gelingt, wenn Rollenprofil und Persönlichkeitsprofil konvergieren.

Wenn aus einer Person ein Organisationsmitglied wird, muss sie lernen, wo die Grenze zwischen Person und Rolle verläuft. Was gehört strukturell zur Rolle und was nicht? Wobei es in der Antwort keine hundertprozentige Festlegung gibt und geben kann. Lücken in der Festlegung müssen durch Improvisationen und Verhandlungen geschlossen werden.

Eine der dabei wiederkehrenden Versuchungen ist Personalisierung. Zum Beispiel wird einem Rollenträger die Verantwortung für ein schlechtes Ergebnis zugeschrieben, obwohl ihm die strukturellen Ressourcen fehlen, um Erfolg zu haben. Statt den Strukturmangel zu thematisieren, entlässt die Organisation schnellstmöglich ihr Mitglied und ersetzt es durch ein anderes, mit dem sich dann der Prozess wiederholt. Oder ein Rollenträger versucht klammheimlich, seine primäre Aufgabe und sein primäres Risiko mit unzulänglichen Ressourcen zu bearbeiten, was er als belohnenswerte Leistung wahrgenommen wissen will, zumeist aber nur den Zeitpunkt hinausschiebt, wann seine Überlastung zu einem Kollaps führt.

Rollen- und andere Konflikte

Auch wenn alle Organisationen versuchen, Rollenkonflikte zu minimieren, bleiben sie eine Daueraufgabe. Dabei gibt es zwei Sichtweisen auf die Konflikte. Die eine sanktioniert sie als unproduktive Störungen, die andere nutzt sie als Chance, Optimierungsprozesse voranzubringen. Diese produktive Seite von wahrgenommenen und thematisierten Konflikten setzt voraus, dass es den Rollenträgern gelingt, die Aggressionen, die Konflikte freisetzen, so weit zu begrenzen, dass es entlang der Eskalationsdynamik vom Partner zum Gegner zum Feind nicht zu einer unversöhnlichen destruktiven Entwicklung kommt. Freilich hat die Verleugnung einer solchen Dynamik ebenfalls hohe Kosten. In gravierenden Fällen institutionalisiert die Organisation eine Harmoniekultur, in der die fehlende Bereitschaft der Organisationsmitglieder, sich Konflikten zu stellen, als besondere

Friedfertigkeit verklärt wird. Wenn Organisationen Konfliktfreiheit propagieren, erzeugen sie bei ihren Mitgliedern einen blinden Fleck, dessen Aufrechterhaltung viele Ressourcen verbraucht, die anderweitig benötigt werden.

Dass die Bearbeitung von Konflikten das Risiko birgt, sie zu schüren, statt sie beizulegen, steht außer Frage. Es bedarf deshalb einer Achtsamkeit, die ihr Augenmerk nicht nur auf offensichtliche Verleugnungen richtet, sondern auch auf deren Maskierung. Hinzu kommt, dass unbewältigte Konflikte gern verschoben und auf diese Weise »entsorgt« werden. Dann wandern sie von Organisationseinheit zu Organisationseinheit, bis sie die ganze Organisation erfasst haben. So können sich einzelne Organisationseinheiten dadurch als konfliktfrei wähnen, dass sie ihre Konflikte in angrenzenden Einheiten deponieren, was sich dann als hartnäckiger Kooperationswiderstand bemerkbar macht.

Eine Rolle übernehmen

Rollen dienen der Herstellung von Erwartungssicherheit für die Erfüllung einer primären Aufgabe und der Minimierung eines primären Risikos in einer Organisation. Dadurch haben sie einen psychischen Entlastungseffekt – zumindest solange, wie nichts erwartet wird, was den persönlichen Grundüberzeugungen der Rollenträger widerspricht.

Wo Rollen anerkannt sind, ergibt sich für Organisationsmitglieder die legitime Möglichkeit, Erwartungen zurückzuweisen, die nicht durch ihre Rolle gedeckt sind. Insofern sorgen sie für eine soziale Ordnung, die Schutz gewährt. Sind Rollen dagegen nicht anerkannt, kommt es zu ständigen Manövern, sie außer Kraft zu setzen, zum Beispiel eben dadurch, dass die Grenzen zwischen Person und Rolle verwischt werden. Dabei kann eine Berufung auf einen bestehenden Rollenzwang auch dazu dienen, sich strategisch-taktisch für nicht verantwortlich zu erklären.

Eine Rollenübernahme kann als Identifikation mit der Rolle geschehen. Organisationsmitglieder, die sich mit ihrer Rolle identifizieren, gehen ganz in dieser Rolle auf. Sie tun einzig das, was die Organisation von ihnen erwartet. Eine solche Orientierung setzt voraus, dass es lückenlose Erwartungen gibt, die der Rollenträger alle kennt und in konkreten Situationen richtig erkennt. Nun sind aber die Erwartungen an eine Rolle, die von ihr gebündelt werden, nie lückenlos, da ständig Situationen eintreten, die bisher noch nicht hinreichend bewältigt worden sind: Der Rollenträger weiß dann nicht genau, was zu tun ist. Er muss improvisieren. Und das heißt auch: Er muss die Rolle letztlich unter Rückgriff auf seine bisherigen Lebenserfahrungen gestalten. Eine Identifikation mit der Rolle bietet dafür wenig Spielraum. Wird der Spielraum etwa durch ein standardisiertes Rollenhandeln beseitigt, geht die Flexibilität verloren, auch dann noch erfolgreich handeln zu können, wenn eine verlässliche Orientierung fehlt und sich Verunsicherung ausbreitet. Damit dies nicht so schnell geschieht, bedarf es einer Haltung der Gelassenheit, die es dem Rollenträger erlaubt, sich sukzessiv zu erschließen, was von ihm erwartet wird. So gesehen, nimmt die Flexibilität seiner Rollengestaltung ab, wenn der auf ihm lastende situative Handlungsdruck zunimmt.

Zu einem Organisationsmitglied und Rollenträger zu werden, heißt zu lernen, was die Organisation (sprich: ihre weisungsbefugten Repräsentanten) von einer Person an genereller und spezieller Anpassung und damit an Loyalitätsbeweisen erwartet. Ein kompetentes Organisationsmitglied weiß, für wen wann welche Regeln (nicht) gelten, und es hält die entsprechenden Situationen voneinander getrennt.

Gehört es zu den konstitutiven Merkmalen der Moderne, dass die Individualisierung zunimmt, hat dies Konsequenzen für die Bereitschaft von Personen, Rollen zu übernehmen und zu gestalten. Erwarten sie bedingungslose Aufrichtigkeit, erleben Rollenträger ihre Handlungsverpflichtungen als erzwungene Entfremdung. Um dieser zu entgehen, kann der Rollenträger darauf verfallen, selektiv nur die von ihm erwarteten Rollenhandlungen zu realisieren, die seinem Selbstverständnis entsprechen. Je größer die Differenzen sind zwischen legitimen Erwartungen an einen Rollenträger, den faktischen Erwartungen an ihn sowie dessen Bereitschaft, sie zu erfüllen, desto größer wird der offene oder maskierte Widerstand.

Ohne persönliches Engagement wird keine Rolle aktiviert, wobei die Gestaltung einer Rolle voraussetzungsvoller ist als ihre Übernahme, was sich etwa im Fall von sprichwörtlichem Dienst nach Vorschrift zeigt. Hinzu kommt für einen Rollenträger das Erfordernis, die übernommene Rolle so zu gestalten, dass sie für andere Rollenträger als genau diese Rolle sichtbar ist. Organisationsmitglieder unterscheiden sich sehr danach, über welche Rollendarstellungskompetenz sie als Professionalisierung ihrer alltäglichen Interaktions- und Kommunikationskompetenz verfügen. Rollenträger flankieren eine solche Darstellung bzw. Inszenierung, indem sie einen Habitus entwickeln, der ihre Wahrnehmung lenkt, wobei nonverbale Signale von erheblicher Relevanz sind: Kleidung, Mimik, Tonfall, Wortgebrauch etc. Ziel ist eine fälschungssichere Inszenierung der Rolle, die verhindert, dass das Organisationsmitglied der Täuschung bezichtigt werden kann.

Was in Organisationen geschieht, vollzieht sich auf drei Ebenen. Im (klassischen) Theatermodell gesprochen, gibt es eine Vorderbühne, eine Hinterbühne und eine Unterbühne.

Auf der Vorderbühne übernehmen die Organisationsmitglieder die Rollen, die in der Besetzungsliste vorgesehen sind. Jedes Mitglied bemüht sich, seine Rolle nicht nur überzeugend stückgerecht zu spielen, sondern auch so, dass das Publikum von seinem Spiel überzeugt ist. Rollenspiel und Selbstdarstellung nach Maßgabe sozialer Erwünschtheit greifen hier ineinander. Fragwürdig wird es, wenn sich die Spieler nur am erwarteten Beifall des Publikums orientieren.

Auf der Hinterbühne bereiten sich die Organisationsmitglieder hinter geschlossenem Vorhang auf ihren Auftritt vor. Sie schlüpfen in ihre Rollen, indem sie ihr privates Ich für die Zeit ihres Rollenspiels zurückstellen. Sie nutzen es als Inspirationsquelle für die Gestaltung ihrer Rolle, achten aber darauf, dass es nicht mit ihr kollidiert und es zu keiner Konfusion kommt.

Schließlich die Unterbühne: Ist schon der Auftritt ein Wechsel von der nicht-öffentlichen Hinterbühne auf die öffentliche Vorderbühne, der für das Publikum unsichtbar gehalten wird, so bleibt die Unterbühne ganz im Dunkeln, hier hält die Organisation ihre Geheimnisse verborgen. Auch das Theater verwehrt seinem Publikum den Blick in seine Maschinerie, damit die Rollen an Glaubwürdigkeit und damit an Überzeugungskraft gewinnen.

Die Inszenierung einer Rolle dient erst einmal deren Prägnanz und darf nicht grundsätzlich als Täuschungsversuch verurteilt werden. Freilich ist es möglich, andere an eine kompetente Rollenübernahme und -gestaltung glauben zu lassen, obwohl die Inkompetenz überwiegt. Das hängt von der Darstellungskompetenz des Rollenträgers ab, von der Glaubensbereitschaft seiner Adressaten sowie davon, ob es an Situationen fehlt bzw. Situationen vermieden werden können, die eine untrüglich trennscharfe Unterscheidung zwischen fact und fiction erlauben.

Rollenträger neigen dazu, die Erfüllung ihrer primären Aufgabe und die Minimierung ihres primären Risikos zu routinisieren. Routinen schaffen Sicherheit, laufen aber Gefahr, notwendige Veränderungen zu übergehen. So werden sie zu einem Innovationswiderstand. Die Sicherheit der Routine trügt. In solchen Situationen ist es angezeigt, das Reflexionsniveau in der Organisation zu erhöhen. Als Mittel gedacht, Sicherheit herzustellen, kann mit einem erhöhten Reflexionsniveau allerdings auch der gegenteilige Effekt eintreten, wenn es nicht gelingt, die Reflexion zu begrenzen. Dann droht die Gefahr, dass alle bisherigen Selbstverständlichkeiten in Frage gestellt werden, ohne dass jemand weiß, wie es sich besser machen lässt. Setzt Reflexion auf Flexibilisierung, bedarf es Rollenträger, die fähig sind, Unsicherheiten auszuhalten, ohne in Panik zu geraten, die Kontrolle zu verlieren und »aus der Rolle zu fallen«.

4 Emotionalität und Emotionen

Auf dem semantischen Feld der Emotionen gibt es verschiedene Begriffe, über die es sich endlos streiten ließe. Deshalb seien für dieses Buch schlicht folgende Definitionen für Affekt, Emotion, Gefühl und Stimmung festgelegt:

Mit dem Begriff des Affektes ist die Vorstellung einer intensiven und flüchtigen »leib-seelischen« Erregung verbunden. Dagegen betont der Begriff der Emotion eine Bewegung von geringerer Intensität, durch die ein mentaler Ausgangszustand handlungsrelevant wird. Um beide Begriffe in Verbindung zu bringen, kann von affektiven Emotionen gesprochen werden. Dementsprechend sind Gefühle gefühlte Emotionen, was auf einen größeren kognitiven Anteil verweist. Während die Erregung von Affekten überwiegend somatisch erlebt wird, sind Gefühle sehr viel stärker vermittelt, was auch heißt: leichter in Worte zu fassen, dadurch zu differenzieren, zu regulieren und zu kontrollieren.

Schließlich Stimmung: Die Welt ist vor einer Stimmung da, aber sie steht ihr nicht gegenüber. Akteure befinden sich immer in einer Stimmung, die sie (wie ein Instrument) »stimmt«. Stimmungen kann man in Grundstimmungen (untergründige Stimmungen) und aktuelle Stimmungen unterteilen. Beide sind von unterschiedlicher zeitlicher Dauer, aber im Vergleich zu Emotionen länger andauernd (wie es etwa der Rede von dem »emotionalen Klima« in einer Organisation entspricht). Demselben metaphorischen Feld gehört auch der Ausdruck an, dass eine Stimmung »umschlägt« (so wie sich auch das Wetter überraschend ändern kann). Wer in (einer) Stimmung ist, vermag sich ihr nur schwer zu entziehen. Oft ist sie unmerklich, aber nichtsdestotrotz (vorsprachlich) wirksam, so sorgt sie z. B. dafür, dass eine bestimmte Idee entgegen aller Wahrscheinlichkeit als zwingend erscheint, oder sie triggert bestimmte Erinnerungen. Stimmungen wirken über einzelne Akteure hinaus, sie breiten sich aus, sind ansteckend und dadurch Gemeinschaft stiftend.

Eine weitere zu klärende Unterscheidung ist die zwischen Emotionalität und Rationalität. Beide Begriffe beziehen sich auf den Raum, den Emotionen und Kognitionen (Wahrnehmungen, Vorstellungen, Gedanken) im psychischen Haushalt eines Akteurs einnehmen. Beide beeinflussen einander, wobei es nicht zutrifft, dass Emotionen die Funktionsweise von Kognitionen zwangsläufig stören. Genauso gut können Emotionen zum Denken anregen und Gedachtes mit gefühlter Bedeutung versehen. Und Kognitionen können helfen, Emotionen zu verstehen.

Emotionen

Emotionen lassen sich als ein komplexes System von Urteilen über die Welt und die Stellung eines fühlenden Menschen in ihr begreifen. Wir reduzieren diese Komplexität, indem wir einfache Bezeichnungen für diese Urteile finden und gebrauchen: z. B. »Schamgefühl« oder »Schuldgefühl«. Obwohl solche Bezeichnungen einfach sind, trifft dies nicht für die bezeichneten Zustände selbst zu. An solchen emotionalen Urteilen lagern sich Erfahrungen und Überzeugungen sowie andersartige Urteile an, z. B. moralische oder ästhetische.

Jede Emotion ist eine Antwort auf eine bestimmte soziale Situation, die durch diese Antwort zielgerichtet beeinflusst wird. Es wäre falsch, in ihnen isolierte Urteile zu sehen. Denn jede Emotion gehört einem (soziokulturellen) Register bzw. (individuellen) Repertoire von Emotionen an, dessen Bedeutung sich immer auch aus ihrer Position in dieser interrelationalen Matrix ergibt. Wenn einzelne Emotionen betrachtet werden, ist dies eine Abstraktion, ein Knotenpunkt, von dem aus sich ein Zugang zu der gesamten Weltanschauung einer Person ergibt.

Wir alle unterscheiden uns in puncto Emotionen sehr darin, welche wir bei anderen und bei uns selbst üblicherweise und in Ausnahmesituationen, wie nuanciert und intensiv, erleben; wie wir sie hinsichtlich der Erwünschtheit bewerten sowie nonverbal und verbal kommunizieren. Wie kommt es zu diesen Unterschieden? Manche der Unterschiede sind singulär und haben mit unserer einzigartigen Lebensgeschichte zu tun. Die meisten von ihnen gehen allerdings auf kollektive Faktoren wie etwa unsere ethnische und soziokulturelle Herkunft zurück. Das heißt nun nicht, Menschen ein und derselben sozialen Gruppe hätten in denselben Situationen auch dieselben Emotionen. Eher trifft zu, dass kollektive Faktoren für eine Angleichung sorgen, die es erleichtert, Emotionen zu verstehen und verständlich zu zeigen.

Emotionale Verständlichkeit ist dabei kein Entweder-oder, sondern ein Spektrum abnehmender Ähnlichkeit. Gibt es Emotionen, die wir trotz unterschiedlicher ethnischer und soziokultureller Herkunft gleich gut verstehen, so lässt sich die Bedeutung anderer noch relativ leicht erschließen; endlich ist mit Emotionen zu rechnen, die wir als befremdlich erleben und dadurch ein emotionales Missverstehen wahrscheinlich machen. Nichtsdestotrotz versuchen wir die Unterstellung, es gäbe keine Differenzen im Verstehen von Emotionen, so lange wie möglich aufrechtzuerhalten.

Gelegentlich wird angenommen, dass Emotionen, zumindest einige, eine Art Universalsprache seien, die alle Menschen sofort und gleichermaßen verstehen, weil sie neurophysiologisch-hormonell programmiert sind. So begriffen, würde es keine emotionalen Missverständnisse geben können. Da sie aber vorkommen, ist mit einer mehr oder weniger dominanten soziokulturellen Programmierung zu rechnen. Will heißen: Es gibt Emotionen, die einer Fremdsprache gleichen, die gelernt werden muss, um verstanden zu werden. Wer sie nicht gelernt hat, versteht sie auch nicht oder nur unzureichend. Einer Sprache vergleichbar, haben solche Emotionen eine Bedeutung, die nicht ein für alle Male feststeht, sondern sich im Laufe der Zeit historisch-kulturell-gesellschaftlich verändert, was Prozesse des Umlernens und Neulernens verlangt. Zum Beispiel wurde Wut unter vormodernen Kriegern hoch geschätzt und dementsprechend ausgelebt; mit zunehmender Pazifizierung erscheint sie dagegen heute als Kontrollverlust, der diskreditiert wird. Moderne Krieger brauchen keine Wut, sondern einen kühlen Kopf, um ihre Waffen zielsicher einzusetzen.

Emotionen sind zunächst die Erlebnisformen und Erlebnisinhalte einzelner Akteure. Wenn von der »emotionalen Kultur« einer Organisation die Rede ist, weist dies über den individuellen Aspekt des Erlebens hinaus. Mit kollektiven Emotionen ist in Organisationen zu rechnen. Wenn eine Organisation von einer bestimmten Emotion beherrscht wird, heißt das nicht, alle Organisationsmitglieder hätten genau dieselbe Emotion in derselben Intensität. Vielmehr heißt es, dass diese Emotion in dieser Organisation ein mehr oder weniger bewusst vorherrschendes Thema markiert, an dem alle Organisationsmitglieder ihren eigenen Anteil haben, weshalb keines der Mitglieder darum herumkommt, zu reagieren und Stellung zu diesem Thema zu beziehen.

Alle Organisationen entwickeln eine bestimmte emotionale Organisationskultur, die sich zwar verändert und auch absichtlich verändert werden kann, aber zumindest für einen längeren Zeitraum bestehen bleibt. Wie alle Kulturen setzt sie sich aus Regeln zusammen, die als Blaupausen dienen, um so weitermachen zu können wie bislang. Regeln binden die Zukunft einer Organisation (bis auf Weiteres) an ihre (bewährte) Vergangenheit. Das können Regeln des Handelns und Denkens, aber eben auch Regeln des Fühlens sein.

Emotionsregulierung

Wir beobachten unsere Emotionen mehr oder weniger reflektiert, um sie zu regulieren bzw. zu kontrollieren. Dabei gibt es zwei grobe Richtungen ihrer Regulierung. Wir können unsere aktuellen Emotionen (wie auch unsere habituelle Emotionalität) intensivieren oder dämpfen. Regulierung ist eine Ich-Leistung, die interindividuell variiert: Wir unterscheiden uns danach, wie fähig und bereit wir sind, auf unsere Emotionen Einfluss zu nehmen. Im Hinblick auf das Gesamtregister aller Emotionen sind unsere individuellen Repertoires verschieden. Manchen von uns bereitet es mehr Schwierigkeiten als anderen, bestimmte Emotionen bei sich und anderen trennscharf zu differenzieren, so wie wir auch nicht alle unsere Emotionen gleich effektiv regulieren können.

Wer seine Emotionen nutzt, um seine Ziele zu erreichen, wer diesen Nutzen zu maximieren sucht, indem er sein Emotionsrepertoire ausdifferenziert und Wissen über die Effekte und die Effektivität einzelner Emotionen generiert und akkumuliert, wer seine Emotionen gebraucht, um sich sozial zu positionieren, indem er vielfältige emotionale Beziehungen eingeht und in verpflichtende emotionale Bindungen verwandelt, wer seine Emotionen einsetzt, um sie auf Märkten profitabel zu verwerten – von dem kann man sagen, dass er über »emotionales Kapital« zur Gestaltung seines Lebensentwurfs verfügt.

Ein Akteur kann seine eigenen Emotionen strategisch-taktisch einsetzen, um ein Ziel, das er sich vorgenommen hat, möglichst Erfolg versprechend anzuvisieren und zu erreichen. Voraussetzung dafür ist sein Wissen um die Erfolgsbedingungen der jeweiligen Emotion, seine Fähigkeit, diese Bedingungen herzustellen und im laufenden Prozess zu kontrollieren sowie die Bereitschaft, dies auch zu tun. Diese emotionale Selbstverwertung geht in emotionale Selbstausbeutung über, wenn der Akteur ohne Rücksicht auf seine aktuellen Kräfte handelt und dadurch seine emotionale Erschöpfung riskiert. Um dies zu vermeiden, ist emotionale Selbstsorge notwendig. Wer sie betreibt, sorgt sich um seine gesundheitliche Belastung und wirkt einer Überlastung entgegen, indem er rechtzeitig in hinreichend positive Emotionen investiert. Wohlbefinden soll dennoch nicht über alle anderen Kriterien gestellt werden. Negative Emotionen senken zwar das Wohlbefinden, sind dafür aber aufgrund ihres Erkenntnisgehaltes unverzichtbar. Freilich kann dieser Gehalt nur dann erschlossen werden, wenn es der Akteur auf sich nimmt, Unlust zu erleben, ohne sie schnellstmöglich beseitigen zu wollen.

Organisationsanalytisch bedeutsam ist die Korrelation von beruflichem Habitus und emotionaler Selbstkontrolle. Es gibt Rollen, zu deren Darstellung eine bestimmte Emotionalität gehört. So unterscheidet sich ein »typischer« Ingenieur sehr wahrscheinlich von einem »typischen« Psychotherapeuten unter anderem darin, welchen Stellenwert den Emotionen in ihrer beider Weltbild zukommt. Die Unterschiede können dabei tiefgreifend sein und nicht nur die Expressionen betreffen, sondern darüber hinaus die Erlebnismöglichkeiten. Sind Kooperationen zwischen Rollenträgern verschiedener Berufsgruppen und Professionen gefragt, können sie nicht nur aus sachlichen und fachlichen Gründen misslingen, sondern auch deshalb, weil sie unverständlich ist, was ein Kooperationspartner fühlt. Emotionale Missverständnisse sind dann an der Tagesordnung und benötigen zu ihrer Klärung einen kontinuierlichen Übersetzungsprozess.

Emotionsregeln

Unser emotionales Erleben und Handeln wird weitgehend von (formellen und informellen) Emotionsregeln bestimmt. Es sind Regeln, wer welche Emotion in welcher Situation in welchem Modus (nonverbal, verbal) und mit welcher Intensität zeigen und eventuell sogar erleben soll. Damit Interaktion und Kommunikation hinreichend gelingen, müssen wir (annähernd) denselben Regeln folgen, was einschließt, dass wir über ein vergleichbares Repertoire an differenzierten Emotionen verfügen

Die Einhaltung der aktuell geltenden Regeln ist sanktionsbewehrt. Weicht unser emotionaler Ausdruck oder unser emotionales Erleben von den Emotionsregeln ab, an die wir uns halten sollen, weil wir einer bestimmten sozialen Kategorie (Alter, Geschlecht, Ethnie, Schicht, Profession etc.) angehören, werden wir von anderen als deviant wahrgenommen. Als Folge davon haben wir mit Sanktionen

zu rechnen. Um ihnen zu entgehen, sind verschiedene Strategien möglich:
- Wir können unsere Devianz maskieren, mithin – bis zu unserer Demaskierung – so tun, als ob wir die Regel (zukünftig) einhalten würden;
- wir können, aus welchen Gründen auch immer, von uns aus unser Erleben und Handeln der Regel (wieder) anpassen;
- wir können einen Konflikt riskieren und den Geltungsanspruch der Regel bestreiten und statt ihrer auf eine neue Regelung drängen, in der die Devianz aufgehoben ist.

Trifft dies auf konstitutive Regeln zu, so gibt es auch fakultative, heißt: Die Regel ist nicht länger sanktionsbewehrt; wir haben die Wahl, ob wir ihr folgen oder nicht. Nicht selten existieren abweichende Varianten einer Regel – bis auf Weiteres – nebeneinander. Das ist häufig dann der Fall, wenn eine bestimmte Regel zwar formell gilt, aber nicht dementsprechend befolgt wird, weil es eine informelle Variante gibt, die eine sehr viel breitere Zustimmung findet, was aber kaum jemand offen anspricht.

Perspektivenübernahme, empathische Grundhaltung und Authentizität

Spricht man von Emotionen in Organisationen, sind drei Teilprozesse zu beachten: Perspektivenübernahme, empathische Grundhaltung und Authentizität. Während der Begriff der Perspektivenübernahme auf Kognitionen abstellt, akzentuiert der Begriff der Empathie eher Emotionen und der Begriff der Authentizität eher eine moralische Einstellung.

Die Entwicklung einer empathischen Grundhaltung gilt heute nicht nur im privaten, sondern auch im beruflichen Leben als eine Schlüsselkompetenz. Gemeint ist eine Kompetenz, die es ermöglicht, sich in die Vorstellungswelt eines anderen nicht nur hineinzudenken, sondern einzufühlen, mithin zu fühlen, was er fühlt. Seit der neurowissenschaftlichen Entdeckung der Spiegelneuronen besteht dabei allerdings die Suggestion einer irrtumsfreien Wahrnehmung. Vorsicht ist geboten, zeigt sich doch, dass die Einfühlung umso eher gelingt, je ähnlicher sich die Akteure sind. Empathie erhöht zwar die Bereitschaft, sich auf fremdes Seelenleben einzulassen, Fremdheit völlig beseitigen kann sie nicht.

Bezüglich Empathie finden sich irritierende idealisierende Zuschreibungen. So heißt es, sie fördere eine prosoziale Mentalität, die Friedfertigkeit und Solidarität begünstige. Insofern gelte es, in die Sozialisation von Empathiefähigkeit zu investieren und hemmende Faktoren ausfindig zu machen. Läuft diese Idealisierung darauf hinaus, Fremdheit als zu beseitigende Störung zu begreifen, ist es angemessener, Empathie anders zu akzentuieren, nämlich als die Kompetenz, Eigenes und Fremdes in ein reziprokes erkenntnisproduktives Verhältnis zu setzen, mithin ein irreduzibles Nichtverstehen genauso ernst zu nehmen wie die Unterstellung einer Ähnlichkeit, die hilft, interindividuelle und interkulturelle Distanzen zu überbrücken: Wer sich in einen anderen einfühlt, kann nicht sicher sein, ihn unmittelbar zu verstehen, aber er macht einen ersten Schritt der Vermittlung.

Authentizität: Sie ist ein (moralisches) Gebot, das verlangt, nur »gefühlte« Emotionen zu kommunizieren, was deren strategisch-taktischen Gebrauch, sprich: ihre Maskierung, diskreditiert. So suchen Akteure nach Authentizitätsindikatoren, die es erlauben, emotionale Maskierungen zu identifizieren, um sich vor Täuschungen zu schützen. Allerdings ist und bleibt Authentizität ein fragwürdiges Gebot. So darf für professionelle Beziehungen in Organisationen angenommen werden, dass die angemessene Emotion keine authentische ist, weil sie Rollenhandeln erschwert und dadurch eine psychische Überforderung riskiert (wie der Chirurg, der sein eigenes lebensgefährlich verunfalltes Kind operiert).

Besondere Aufmerksamkeit verdient ein Phänomen, das in der Psychosomatik und Persönlichkeitspsychologie als »Gefühlsblindheit« bezeichnet wird. Die Ausprägung dieses Phänomens reicht von einem kaum auffälligen emotionsarmen Denken, Fühlen und Handeln bis hin zu Emotionslosigkeit als einem psychopathologischen Defizit. Den betroffenen Akteuren fehlen die Worte, um ihr Erleben zu beschreiben. Und oft fehlt ihnen sogar ein Bewusstsein davon, dass sie emotionsarm und emotionslos sind. Da ihre Art, sich zu präsentieren, ihre Mitmenschen irritiert und die Kommunikation mit ihnen erschwert, werden sich die Betroffenen ihrer Eigenart überhaupt erst über solche Störungen gewahr, ohne diese aber zu verstehen. Trotz gestörter bzw. verstörender Kommunikation ist Vorsicht geboten, den Betroffenen ein krankheitswertiges emotionales Defizit zuzuschreiben, denn es gibt andere Kausalfaktoren, die zuvor auszuschließen sind. So beobachtet man bei Männern generell eine größere emotionale Distanzierung als bei Frauen, zumindest was positive, nicht aber was negative Emotionen betrifft. Und es lassen sich interkulturelle Unterschiede anführen. Man braucht nur an die starke mimische Selbstkontrolle von Asiaten zu denken. Defizitdiagnosen sind in diesen Zusammenhängen erst einmal unangebracht und verraten eine Voreingenommenheit, die auf abweichende Emotionsregeln verweist.

ND
5 Logik der Emotionen – Fallvignetten

Im Folgenden stelle ich etliche theoretisch eingebettete Fallvignetten vor. Diese sind so abgefasst, dass eine Emotion im Mittelpunkt steht, ergänzt durch Emotionen, die mit ihr verbunden sind. Wie dies für alle Arten von Fallvignetten zutrifft, so ist es auch hier: Was sie an Informationen mitteilen, ist selektiv; sie hätten auch mit einer anderen Fokussierung geschrieben werden können. Das macht sie trotzdem nicht beliebig, sondern eher um eine prägnante Darstellung bemüht. Daher fehlen auch die meisten Interventionen, mit denen die jeweiligen Berater versucht haben, den Beratungsprozess zielführend voranzubringen. Positiv gewendet, ergibt sich dadurch für die Leser die Möglichkeit, zu überlegen, wie sie selbst die vorgelegten Informationen konzeptuell und interventionstechnisch verarbeitet hätten. Hilfreich mag dabei das Porträt der Emotionen sein, das den einzelnen Fallvignetten vorausgeht und meinen Stand subjektiver Theoriebildung wiedergibt.

Die Fallvignetten stammen zu einem Teil aus meiner eigenen Beratungspraxis, zu einem anderen Teil aus der Praxis von Kollegen und Kolleginnen, die ich supervidiert habe.

Ich habe 16 Emotionen ausgewählt, die ich für beratungsrelevant halte. Sicherlich gibt es mehr davon. Insofern lässt sich die Liste fortschreiben, wozu ich auch anregen möchte. Die Beschreibungen der hier ausgewählten Emotionen sind weder vollständig noch überschneidungsfrei. Überschneidungen sind sogar gewollt, um über alle ausgewählten Emotionen hinweg eine Verdichtung zu erzielen, die Synergien schafft. Die von mir festgelegte Reihung der Emotionen ist nicht zwingend. Ich habe mich aber um eine Anordnung bemüht, die sinnfällige Querverweise ergibt. Dass die Zusammenstellung der präsentierten Emotionen eine Schlagseite in Richtung »negative« Emotionen hat, ist sicher nicht von der Hand zu weisen. Ich halte sie schlicht für erkenntnisreicher und folge dabei der Annahme, dass die Einsicht in die Sozio- und Psychodynamik negativer Emotionen positive Folgen hat.

Machtgefühl und gefühlte Ohnmacht

Machtgefühle sind gefühlte Macht, Gefühle der Ohnmacht dagegen gefühlte Machtlosigkeit. »Gefühlt« – das schließt Fälle ein, in denen ein Akteur die formelle Macht, die ihm in der Positionsstruktur einer Organisation zukommt, nicht nutzt oder herunterspielt, vielleicht sogar verleugnet, dass er über solche Machtmittel verfügt.

Macht, formelle und informelle, bezeichnet die mehr oder weniger große Potenz eines Akteurs, Situationen nach seinen eigenen Interessen zu gestalten: sie zu verändern oder zu verhindern, dass sie verändert werden. Formell ist Macht dann, wenn sie zu der Ausstattung einer bestimmten Rolle gehört, die ihren Gebrauch legitimiert und zugleich einschränkt. Formelle Macht kann missbraucht werden, was immer dann geschieht, sobald ein Akteur die Grenzen ihres Gebrauchs missachtet. So liegt nichtlegitimierter Machtgebrauch dann vor, wenn eine Rolle dazu dient, die Durchsetzung höchst persönlicher Interessen zu maskieren.

Da zwischen Rolle und Person die Grenze nie hundertprozentig trennscharf verläuft, müssen geltende Grenzen immer wieder neu ausgehandelt werden: Kein Rollenhandeln kommt ohne persönlichen Einsatz aus und niemand kann innerhalb einer Organisation auf die Übernahme und Gestaltung von Rollen verzichten, will er anschlussfähig handeln.

Wenn formelle Macht eingesetzt wird, ist bekannt, unter welchen Bedingungen welche Machtmittel zum Einsatz kommen. Eine solche Erwartungssicherheit gibt es bei informeller Macht nicht. Informelle Macht in einer Organisation beruht weitgehend auf dem Netzwerk von Akteuren, in das ein Organisationsmitglied integriert ist. Jeder Netzwerkakteur bringt seinerseits weitere Akteure mit – samt der Ressourcen, über die diese verfügen. Grundprinzip im Netzwerk ist Reziprozität: die wechselseitige Verpflichtung zu Unterstützungsleistungen. Jeder erhält sie nur, wenn er seinerseits bereit ist, sie zu geben. Nimmt er dauerhaft mehr als er gibt, mehr noch: weist er Unterstützungsgesuche wiederholt zurück, wird er letztlich aus dem Netzwerk ausgeschlossen, es sei denn, er kann eine vorübergehende Ausnahmesituation geltend machen. Allerdings darf innerhalb des Netzwerkes von keinem Akteur erwartet werden, dass er mehr gibt, als er geben kann. Ruin ist nicht vorgesehen. Freilich kann niemand daran gehindert werden, Opfer zu bringen. Wer Opfer bringt, gewinnt Prominenz und darf infolgedessen auch mit Vorteilen für sich rechnen.

Streng genommen bestehen Organisationen aus einer ganzen Reihe von Gruppen und Subgruppen, die alle ihren eigenen Zugang zu Machtmitteln haben. Die akkumulierten Machtmittel, über die ein Organisationsmitglied verfügt, bestimmen seine Anziehungskraft als Bündnispartner, wobei die generelle Tendenz besteht, sich mit Akteuren zu verbinden, die gleich machtvoll sind, besser noch: mächtiger. Wer von einem Organisationsmitglied nur dessen Positionsmacht kennt, weiß nicht, was es im Ernstfall an Machtmitteln aufbieten kann, um seine Interessen durchzusetzen.

Machtmittel sind alle Mittel, die in der interessierten Einflussnahme auf eine Situation erfolgreich zu sein versprechen. Zu solchen Mitteln gehört auch der Einsatz von Emotionen. Dabei kommen zwei grobe Richtungen vor: zum einen der Versuch eines Akteurs, einen anderen dadurch zu beeindrucken und gefügig zu machen, dass er dessen Emotionen anheizt, selbst aber »kalt bis ins Herz« bleibt; zum anderen, dass er ihn mit seinen Emotionen so »einheizt«, dass er keinen »kühlen Kopf« bewahren kann.

Können solche emotionalen Machtmittel strategisch-taktisch eingesetzt werden, heißt das, dass sie keinem spontanen Reiz-Reaktions-Prinzip folgen, sondern bewusst intendiert bzw. überlegt sind.

▶ Fallvignette Machtgefühl und gefühlte Ohnmacht

Meist ist die Chefetage eines Unternehmens das letzte Stockwerk – dem Himmel nahe, insbesondere bei Hochhäusern. Das Machtzentrum ist in diesem Fall die Einheit von oberstem Chef, seinem Direktionsassistenten und seiner Chefsekretärin. Obwohl der Chef die uneingeschränkte formelle Macht für weitreichende Entscheidungen hat, macht er sie doch auch von Informationen abhängig, die ihn aus dem ganzen Unternehmen erreichen. Dass diese Informationen gefiltert sind, ist ihm bewusst. Nicht alle haben das Wohl des Unternehmens im Blick, nicht selten sind es nur partikuläre Interessen, die Gehör finden wollen. Der Chef muss lernen, die Informationen und die mit ihnen verbundenen Interessen richtig zu lesen und zu unterscheiden. Zur Unterstützung und kritischen Realitätsprüfung benötigt er Organisationsmitglieder, denen er vertraut. Gelegentlich sind es Akteure ohne größere formelle Macht. Ihre Bedeutung resultiert z. B. aus einer nahezu freien Zugänglichkeit zum Chef. Sie haben die Möglichkeit, den Chef auf der Hinterbühne zu erleben: noch unsortiert, ängstlich, besorgt, aber auch verärgert und wütend. Tritt er durch die gepolsterte Tür seines Zimmers auf die Vorderbühne, sollte er sich im Griff haben, was einen strategisch-taktischen Gebrauch seiner Emotionen einschließt. Chefsekretärinnen kommt in diesem Kontext oft mehr Macht zu, als man meinen möchte. In einer Organisationsberatung zeigt sich die folgende Konstellation:

Die Chefsekretärin ist innerhalb der Organisation aufgestiegen und hat auf ihrem Weg nach oben etliche Abteilungen von innen kennengelernt. Sie verfügt über exzellente Kontakte, was mit zu ihrer Karriere beigetragen hat. Ihr Chef bedient sich dieser Kenntnisse, wo immer er sie gebrauchen kann. Ehemalige Kollegen versuchen, die Chefsekretärin als »Türöffner« zu nutzen. Obgleich sie betont, immer für alle da zu sein, gibt es eine Fraktion, die ihr Parteilichkeit und Begünstigung ehemaliger Kollegen vorwirft, weil sie ihnen z. B. wichtige Informationen früher als anderen zusteckt. Während einer Krisenzeit, in der Entlassungen drohen und Gerüchte umlaufen, wer bleiben darf und wer gehen muss, sehen sie und ihr Chef sich einem Misstrauen ausgesetzt, das zu ihrer Versetzung führt und schließlich mit ihrem »freiwilligen« Ausscheiden endet.

Angst, Furcht und Angstlust

Angst ist ein frei flottierendes Unlustgefühl, bei dem der Akteur nichts – kein Objekt, keine Situation, kein Ereignis, keine Vorstellung – zu nennen vermag, von dem die ängstigende Bedrohung ausgeht. Je ungreifbarer, desto größer ist die Angst. Sie nicht verstehen und erklären zu können, heißt, keine Kontrolle zu haben, weder über das, was die Angst auslöst, noch über die ausgelöste Angst. Angst lässt sich so verschieben, dass das, was wirklich ängstigt, nur maskiert zu Bewusstsein kommt.

Furcht ist nicht namenlos. Wer sich fürchtet, kann benennen wovor er sich fürchtet und dadurch an Kontrolle gewinnen, eine Kontrolle, die sich allerdings auch als Kontrollillusion herausstellen kann, denn kein Akteur ist vor Selbsttäuschungen gefeit.

Angst und Furcht nehmen Einfluss auf die Qualität kognitiver Prozesse. Eine geringe bis mittlere Intensität der Emotion macht wach und erhöht die Aufmerksamkeit; eine starke Intensität bewirkt eine Entdifferenzierung des Denkens und schwächt die Realitätsprüfung: Der Akteur glaubt alles, was seine Angst und Furcht besänftigt, gleichgültig, wie wahrscheinlich es tatsächlich ist.

Angst und Furcht machen vorsichtig, Vorsicht ist in die Zukunft gerichtet: Wenn ein Akteur nicht sicher sagen kann, was ihn erwartet, tut er gut daran, sich eine Strategie zurechtzulegen, die einen möglichen Schaden begrenzt. Handelt ein Akteur besonders defensiv, geht er vom Schlimmsten aus: Er unterstellt, dass es ihm an Ressourcen fehlt, den Auslöser für Angst und Furcht unter Kontrolle zu bringen, so dass ihm nur Vermeidung und Flucht bleiben. Es gibt allerdings auch eine Flucht nach vorne, die genau besehen ein Angriff ist, allerdings einer, bei dem der Akteur schon ahnt, dass er unterlegen sein wird. Trotzdem anzugreifen, verhindert eine Lähmung, die noch schwerer zu ertragen ist, weil sie aus einer steigenden Erregung resultiert, die nicht abgeführt werden kann.

Zu den vorwiegend männlichen Idealen mit Angst und Furcht umzugehen, gehören Angst- und Furchtlosigkeit, die als Mut gelten. Im Unterschied zum Tollkühnen handelt der Mutige aber nicht unüberlegt, sondern nach Abwägung seiner Chancen, wobei er allerdings bereit ist, an seine Grenzen zu gehen. Dabei nutzt er die Demonstration seiner Angst- und Furchtlosigkeit als Signal, das Angreifer schon im Vorfeld einer Auseinandersetzung von einem Angriff abhalten soll, indem er sich entschlossen zeigt, keinesfalls zurückzuweichen.

Angst- und Furchtlosigkeit zu demonstrieren, kann allerdings auch der Versuch sein, davon abzulenken, wie sehr sich der Akteur tatsächlich ängstigt und fürchtet. Allerdings ist es riskant, den gegnerischen Akteur zu provozieren, um ihn einzuschüchtern: Man zeigt ihm die eigenen »Waffen«, ohne sie aber gebrauchen zu wollen. Lässt sich der gegnerische Akteur nicht provozieren, bleibt es beim Austausch von Drohgebärden. Aber »ein Schritt zu weit« oder »ein Wort zu viel« und beide werfen alle ihre Vorsicht über Bord.

Akteure unterscheiden sich in ihrer Risikofreude, einem Persönlichkeitsmerkmal mit lebensgeschichtlichen Wurzeln. Moderne Organisationen schätzen und fördern sie, weil man vermutet, dass sie mit Kreativität und Innovationskraft einhergeht, was zentrale mentale Produktions- und Produktivitätsfaktoren sind. Zu bedenken ist allerdings, dass Risikofreude selbst zum Risikofaktor werden kann, nämlich dann, wenn Fragen der Machbarkeit außen vor bleiben. Deshalb ist die Empfehlung zu beherzigen, Teams mit Innovationsaufgaben in puncto Risikofreude nicht zu homogen zu besetzen.

Ein zentrales Interesse aller Organisationen ist es, die Fähigkeiten und Bereitschaften ihrer Mitglieder für sich selbst, ihren Erhalt, ihre Gestaltung, ihre Entwicklung und ihren Gewinn zu nutzen. Dabei unterscheiden sie sich danach, welche Mittel sie gebrauchen, um die Akteure zu motivieren, sich für die Erreichung der Organisationsziele einzusetzen. Zu diesen Mitteln gehört auch die Androhung von Sanktionen, um Organisationsmitgliedern, die eine angemessene Verwertung ihrer Fähigkeiten und Bereitschaften verweigern, so viel Angst und Furcht einzujagen, dass sie sich anpassen.

Auch wenn eine Motivierung über Angst keinesfalls überholt ist, setzt sich doch die Erkenntnis durch, dass Angst und Furcht unproduktive Nebeneffekte haben. Denn sie erzeugen aggressive Emotionen, die so lange latent gehalten werden, bis sich eine Gelegenheit bietet, sie unentdeckt in aggressive Handlungen umzusetzen.

Angst und Furcht sind prototypische Unlustgefühle. Es gibt aber auch eine Variante, in der Unlust und Lust eine Verbindung eingehen: Angstlust. Sie tritt nur auf, wenn die Angst nicht überwiegt, genauer: in Situationen mit einem ängstigenden, aber kalkulierbaren Risiko, in denen die Fähigkeiten des Akteurs und die Schwierigkeiten seiner primären Aufgabe abgeglichen werden müssen und nicht abzusehen ist, was überwiegt. Die größte Lust entsteht, wenn es einem Akteur gelingt, eine Aufgabe erfolgreich zu erfüllen, deren erfolgreiche Erfüllung nicht sehr wahrscheinlich, weil am Rande einer Überforderung ist. Mehren sich solche Erfolge, steigt das Selbstbewusstsein des Akteurs und ermutigt ihn, sich noch anspruchsvollere Aufgaben vorzunehmen.

▶ Fallvignette Angst, Furcht und Angstlust

Ein junger Manager sucht ein Karriere- und Gesundheitscoaching auf, weil er seit einiger Zeit unter einer ängstlichen Grundstimmung leidet, die ihn in seiner Arbeit sehr behindert. Vor allem Situationen, in denen er präsentieren muss, bewältigt er nur mit einer Mischung aus Alkohol und Tabletten. Das aber macht alles nur schlimmer, zumal er auch keinen Schlaf findet, in dem er sich erholt. Tagsüber ist er hellwach, zugleich aber unfähig, sich zu konzentrieren. Er fürchtet, dass seine Kollegen und vor allem seine Vorgesetzten von seinem Ausnahmezustand etwas merken, denn seinen Zustand verborgen zu halten, gelingt ihm nicht. Von einem ihm wohlgesonnenen direkten Vorgesetzten angesprochen, leugnet er, was doch nicht zu leugnen ist. Sich jemandem im Unternehmen anzuvertrauen, lehnt er ab, weil er fürchtet, man werde sein Hilfegesuch als Schwäche auslegen, was einen nächsten Karriereschritt verhindern würde. Deshalb muss auch das Coaching im Verborgenen stattfinden.

Als eine Präsentation ansteht, die er für eine entscheidende Prüfung seiner Erfolgsaussichten hält, bereitet er diese mit seinem Coach vor, was ihn halbwegs beruhigt. Was er verschweigt: Die präsentierten Inhalte stammen zu einem nicht unerheblichen Teil aus brisanten Unterlagen der Geschäftsleitung, an die er eher zufällig geraten ist – Unterlagen, deren Veröffentlichung sicher nicht im Interesse der Geschäftsleitung sind. Seine Präsentation kommt gut an, auch wenn sein Angstschweiß ihm sein Hemd durchnässt. Dass er sich sensible Daten aus »Verschlusssachen« widerrechtlich angeeignet hat, bleibt unentdeckt.

Der Coachee erlebt dies als Sieg, von dem er dann auch Zustimmung heischend seinem Coach berichtet. Dieser entscheidet sich gegen eine Moraldebatte, fragt vielmehr nach, ob sein Coachee nicht gefürchtet habe, dass sein gewagtes Manöver misslingen könnte? Der Coachee verneint und bebt dabei vor Angstlust. Und dann weiht er seinen Coach in die Drohstrategie ein, die er weiterverfolgt: Er habe bisher nicht alle der brisanten Informationen aus den Unterlagen verwendet, aber deren Urhebern zu verstehen gegeben, dass er sie besitze und bereit sei, sie jederzeit auch zu benutzen.

Als daraufhin der Coach die aufgeschobene Moraldebatte nachzuholen versucht und dem Coachee gegenüber betont, dass er nicht unwidersprochen zum Komplizen gemacht werden wolle, dringt er nicht zu seinem Klienten durch. Zwar kommen noch zwei weitere Coachingsitzungen zustande, die aber bleiben unproduktiv, weil Coach und Coachee fortan das Thema meiden.

Misstrauen

Zweifellos ist Vertrauen in Organisationen eine kostbare Ressource, die wesentlich zum inneren Frieden beiträgt. Daran gemessen erscheint Misstrauen als Übel. Das ist aber nur die halbe Wahrheit. Während Vertrauen die Komplexität einer Situation reduziert, weil der Akteur mit der wohlwollenden Unterstellung operiert, was er wissen müsse, um sich orientieren zu können, werde er rechtzeitig erfahren, denn niemand lege es darauf an, ihm absichtlich Schaden zuzufügen, erhöht Misstrauen die Komplexität einer Situation. Bei allem, was der Akteur dann wahrnimmt und erlebt, zweifelt er an der offensichtlichen Bedeutung: Gebe er nicht Obacht, täusche er sich, weil er damit zu rechnen habe, getäuscht zu werden. Um einer Täuschung zu entgehen, muss er lange prüfen, bis er sich sicher ist, dass er die Situation richtig einschätzt. Solche Prüfungen haben hohe Kosten, da sie Aufmerksamkeit binden und von dem ablenken, was zu tun ist. Das Misstrauen eines Akteurs kann so groß sein, dass er sich in einen Prüfungszwang verstrickt. Dann wird er immer neue Anhaltspunkte finden, die seine Zweifel als berechtigt erscheinen lassen.

Wichtig ist, zwischen offenem und verstecktem Misstrauen zu unterscheiden. Wer sein Misstrauen offen anspricht, eröffnet die Möglichkeit, zu klären, was es begründet. Damit ein solcher Klärungsprozess erfolgreich sein kann, müssen alle Beteiligten die Bereitschaft haben und zeigen, sich gegebenenfalls vom Gegenteil der eigenen Vorannahmen überzeugen zu lassen. Ein solcher Prozess ist überaus anspruchsvoll. Wer sich ihm nicht aussetzen mag, zum Beispiel, weil er das bessere Argument, das ein anderer hat, als eigene Niederlage verbucht, kann sein Misstrauen zu verbergen suchen. So spiegelt ein Akteur fragloses Vertrauen vor, indem er andere des Misstrauens bezichtigt. Zugleich gibt er nichts Relevantes von sich preis, was schnell dazu führt, dass sich die Akteure zum Nachteil der Organisation wechselseitig blockieren.

Wer misstraut, fordert bei anderen ein, ihm zu vertrauen, ist aber seinerseits nicht bereit, Vertrauen vorzuschießen. Im Gegenteil: Vertrauen erscheint naiv, weil es auf den Einsatz von Machtmitteln verzichtet, vor allem dann, wenn es überlegene Mittel sind.

Freilich gibt es in Organisationen unter manchen Akteuren eine Sehnsucht nach vertrauensvollen Beziehungen, weil solche Beziehungen psychisch entlasten und dadurch Spielräume für eine produktive Zusammenarbeit eröffnen.

Organisationen, die Konkurrenz unter ihren Akteuren befeuern, suggerieren dagegen, dass wechselseitiges Misstrauen eine Spirale von Kontrollen in Gang bringt, die zielführend sind, weil sie Eigennutz und Egoismus verhindern. Es sei dahingestellt, ob Organisationen ganz auf Kontrollen und damit auf ein institutionalisiertes Misstrauen verzichten könnten, sicher aber gilt es, deren Vor- und Nachteile auszubalancieren.

Misstrauen kann auf drei Ebenen gefühlt und bearbeitet werden: als persönliches Misstrauen, als Misstrauen in eine Rolle und als Misstrauen in die Verfahren einer Organisation.

Wenn ein Akteur einem anderen als Person misstraut (ob aus Erfahrung oder nicht), nimmt er an, dass dieser sich weder an Rollenvorschriften noch an Verfahren hält, sondern vor allem das tut, was ihm persönlich nützt. Dienen Rollenvorschriften und Verfahren dazu, Eigennutz und Egoismus zu verhindern, zumindest aber zu begrenzen und auf Leistungsziele zur Erfüllung der primären Aufgabe auszurichten, so kann dies unterlaufen werden, zumal ja keine Rolle und kein Verfahren ohne persönliches Engagement auskommt. Mithin sind die Grenzen zwangsläufig durchlässig.

Wenn ein Akteur der Rollenverteilung und dem Rollenzuschnitt sowie den Verfahren in seiner Organisation misstraut, dann geht das mit dem Verdacht einher, er werde in dem, was man von ihm an Leistungen erwartet, ausgebeutet: Dann werden Rollen und Verfahren als notwendig und fair dargestellt, sind es im Erleben des Akteurs aber nicht. Was die Organisation als Legitimation anbietet, reicht ihm nicht aus. Folgen können sein:
- Er reduziert seine Aufgabenerfüllung, soweit er dies tun kann, ohne aufzufallen;
- er verlangt mehr Gratifikationen für das, was er tut;
- er sabotiert die Organisation, wo er nur kann;
- er verlässt sie, weil er keine Möglichkeit sieht, seine Situation zu verbessern.

Paranoid wird ein Misstrauen dann, wenn es durch keine vertrauensbildende Maßnahme beigelegt werden kann: wenn ein Akteur alles, was in der Organisation geschieht, auf sich bezieht, und alles daran setzt, sein Misstrauen selbsterfüllend aufrechtzuerhalten.

▶ Fallvignette Misstrauen

Teamsupervision in einer Organisation, deren Bestand aufgrund einer ökonomischen Schieflage gefährdet ist: Das Schicksal der Organisation und ihrer Mitglieder gehört in den Teamsitzungen zu den heftig diskutierten Dauerthemen. Man kennt sich seit Langem. Bisher war das Team in verschiedenen Krisensituationen immer solidarisch gewesen. In einer der Sitzungen kippt die Stimmung. Die Teilnehmer schweigen und vermeiden es, sich anzusehen.

Es stellt sich heraus, dass die Geschäftsleitung verschiedentlich Einzelgespräche angeboten hat, die das Team aber ablehnt. Allerdings besteht der Verdacht, dass sich zwei Teammitglieder nicht an die Absprache gehalten und Einzelgespräche geführt haben. Um wen es sich dabei handelt, ist in der Sitzung wohl noch nicht bekannt, zumindest der

Teamsupervisor weiß es nicht. Er spürt allerdings, dass sich die Teilnehmer nicht einig sind, wie sie ihre Solidaritätsverpflichtung handhaben sollen.

Es liegt eine Spaltung nahe: Als der Supervisor dies vorsichtig anspricht, wird er sofort angegriffen und beschuldigt, eine Spaltung, die es gar nicht gebe, herbeizureden, vielleicht auch herbeireden zu sollen, wie einer der Teilnehmer mutmaßt.

Der Supervisor ist zunächst überrascht, dann fällt ihm aber ein, dass er in der vergangenen Woche bei der Geschäftsleitung war, um über einen Anschlussvertrag zu verhandeln, wobei er vermutlich gesehen worden ist. Vielleicht hat das ja zu der Phantasie geführt, die Geschäftsleitung habe von ihm Auskunft über einzelne Teammitglieder erhalten wollen. Ohne nachzufragen, fühlt er sich gekränkt. Muss er annehmen, dass ihm die Teammitglieder zutrauen, sie zu hintergehen? Und so sagt er: Sie könnten ihm vertrauen und ihre Sorgen offen ansprechen. Das spielt sich alles vor dem Hintergrund einer gemeinsamen vertrauensvollen Beziehung von mehr als einem Jahr ab.

Selbstverständliches Vertrauen derart plötzlich problematisiert zu sehen, wirkt, als gäbe es gute Gründe, zu misstrauen. Vielleicht hat man sich ja bisher getäuscht. Die Teammitglieder wenden sich voneinander ab, eher gestisch, als dass sie bereit wären zu reden, aber so, dass eine argwöhnische Stimmung entsteht, in der jeder von jedem das Schlimmste befürchtet.

Kurz nach Beendigung der Teamsitzung wird dem Supervisor eine Information zugetragen, die hilft, besser zu verstehen, was abläuft. Die Geschäftsleitung hat die Belegschaft darum gebeten, auf lautstarken (gewerkschaftlichen) Protest gegen drohende Kündigungen zu verzichten und darauf zu vertrauen, dass man an einer Lösung arbeite, die für alle annehmbar sei. So wie der Supervisor in seiner spontanen Kränkung wollte, dass man ihm vorbehaltlos vertraut, klagt auch die Geschäftsführung einen Vertrauensvorschuss ein. Ihn vorbehaltlos zu gewähren, wäre von der Belegschaft freilich viel verlangt, wenn nicht gar blauäugig, weil Ruhe zu geben, sehr wohl ihre Verhandlungsposition verschlechtern kann.

So gesehen, steht die Frage im Raum, ob auch der Supervisor jemand ist, der versuchen wird, Misstrauen zu delegitimieren. Als er das erkennt, fördert er in den nächsten Sitzungen die Entwicklung eines Realitätsprinzips, das nicht versucht, Vertrauen einzufordern, sondern ein legitimes Misstrauen nutzt, um Sein und Schein zu unterscheiden.

Neid

Neid geht stets ein sozialer Vergleich bezüglich einer bestimmten Ausstattung mit begehrten Gütern voraus, von denen die Akteure nicht lassen wollen oder können. Güter, die niemand begehrt, erregen keinen Neid. Beneidet werden kann jedes Gut, sei es materiell oder ideell.

In Organisationen werden nicht nur höhere finanzielle Entlohnungen beneidet, sondern auch größere Schreibtische und PS-stärkere Firmenwagen sowie eine privilegierte Zugänglichkeit zu einem Vorgesetzten – und Dutzende von weiteren kleineren und größeren Unterscheidungsmerkmalen mehr, an denen sich der aktuelle Status eines Organisationsmitgliedes für das Mitglied selbst wie für andere Mitglieder ablesen lässt. Und manches Mal reicht ein Terminkalender mit eingeprägtem Namenszug, den die einen zu Beginn des Jahres von ihrem Arbeitgeber geschenkt bekommen, andere aber nicht, völlig aus, um eine Statuskonkurrenz zu entfachen, als ob es um Leben und Tod ginge.

Es lassen sich vier Formen des Neides theoretisch trennscharf unterscheiden. Sie sind mit weiteren Emotionen assoziiert, die dem Neid nicht nur eine bestimmte Färbung geben, sondern mehr noch: ihn mit einer spezifischen Handlungsbereitschaft ausstatten:
- Ehrgeizig-stimulierender Neid erzeugt ein Gefühl der Bewunderung, das – zumindest solange wie es keine Idealisierung ist – dazu führt, anderen, die mehr der begehrten Güter besitzen, nachzueifern.
- Empört-rechtender Neid erzeugt ein Gefühl der Benachteiligung, das dazu führt, gegenüber anderen, die mehr der begehrten Güter besitzen, deren gerechtere Verteilung einzuklagen.

- Feindselig-schädigender Neid erzeugt ein Gefühl von Ärger und Wut, das dazu führt, andere, die mehr von den begehrten Gütern besitzen, anzugreifen.
- Depressiv-lähmender Neid erzeugt ein Gefühl von Traurigkeit, das dazu führt, schmerzlich enttäuscht hinzunehmen, dass andere mehr der begehrten Güter besitzen.

Zwischen diesen Neidformen gibt es Wechselwirkungen, die charakteristische emotionale Muster bilden:

Ehrgeizig-stimulierender Neid fördert die Anstrengungsbereitschaft, allerdings nur solange, wie vermehrte Anstrengung auch tatsächlich zu einer Verbesserung der Ausstattung mit den begehrten Gütern führt. Bleibt diese Verbesserung aus oder auch nur hinter den Erwartungen zurück, kann depressiv-lähmender oder feindselig-schädigender Neid die Folge sein.

Depressiv-lähmend wird der Neid, wenn die Akteure nicht von den begehrten Gütern lassen können, ohne dass sie die Zuversicht oder auch nur die Hoffnung hätten, ihren Mangel zu beseitigen. Da Ohnmachtsgefühle aber nur schwer zu ertragen sind, droht depressiv-lähmender Neid in feindselig-schädigenden Neid umzuschlagen. Dann versuchen die Akteure, sich aus ihrer Passivität zu befreien, indem sie aggressiv oder sogar destruktiv gegen alle vorgehen, die im Besitz der begehrten Güterausstattung sind.

Hegen sie den Verdacht, die Ungleichverteilung der begehrten Güter sei ungerecht, kann ihre Aktivität auch zunächst einmal darin bestehen, ein Defizit an sozialer Gerechtigkeit einzuklagen. Deren motivationaler Träger ist empört-rechtender Neid. Lässt sich die bestehende Ungleichverteilung durch die Anrufung von gültigen Gerechtigkeitsnormen legitimieren, verliert er seine Berechtigung, was die Akteure allerdings erneut nötigt, depressiv-lähmend oder feindselig-schädigend zu reagieren. Um in einer solchen Situation erneut ehrgeizig-stimulierenden Neid zu entwickeln, müssen die Akteure ihr bisheriges Handlungsrepertoire verbessern, wenn sich eine erneute Anstrengung, die begehrte Güterausstattung zu erlangen, lohnen soll.

Andernfalls bleibt ihnen nur, sich mit weniger zufrieden zu geben – oder sich die Güter bar jeder Legitimation zu beschaffen.

Wenn meine Unterstellung zutrifft, dass es das Ziel einer Organisation ist, eine konfliktarme produktive Organisationskultur zu institutionalisieren, dann müssen Bedingungen hergestellt werden, die die Entstehung von depressiv-lähmendem und feindselig-schädigendem Neid verringern und ehrgeizig-stimulierenden und empört-rechtenden Neid befördern.

▶ Fallvignette Neid

In einem Heim für Menschen mit geistiger Behinderung findet seit Jahren mit gutem Erfolg eine interdisziplinäre Teamsupervision statt. Die meisten Teilnehmer sind seit Langem dabei. Da wird die Vertretung der vakanten Teamleiterstelle ausgeschrieben, von der man nicht weiß, ob überhaupt oder wann sie besetzt werden wird. Diese Unsicherheit ist kontraproduktiv, aber die Geschäftsleitung hält sich bedeckt. Wer aus dem Team wird sich auf die Vertretungsstelle bewerben? Niemand geht in die Offensive. Später wird der Teamsupervisor sagen, dass auch er nicht danach gefragt hat, so als habe er geahnt, dass die Geheimniskrämerei sehr konfliktreich sein würde.

Am Tag der Entscheidung durch die Heimleitung liegt Spannung in der Luft. Statt die Entscheidung mündlich mitzuteilen, wird sie ausgehängt, so dass niemand nach einer Begründung für die getroffene Personalentscheidung fragen kann – das jedenfalls ist die Phantasie der meisten, die sich über die Art der Bekanntmachung wundern. Und so wird es dann eine junge Sozialpädagogin, frisch von der Fachhochschule, und nicht die Rangälteste, wie es am wahrscheinlichsten gewesen wäre.

Die Übergangene kommt die folgenden Tage nicht zur Arbeit. Aber in der nächsten Supervisionssitzung ist sie anwesend. Und jetzt ist der Supervisor auf der Höhe des Geschehens. Es gelingt ihm, eine

Aussprache zu eröffnen: Sie, berichtet die Übergangene, sei derart neidisch, dass man der Kollegin und nicht ihr die Stelle angeboten habe, am liebsten würde sie ihr »an die Gurgel gehen«. Zwar müsse sie zugestehen, dass die ausgewählte Kollegin ebenso geeignet sei wie sie selbst, insofern gäbe es keinen Grund für fachliche Vorwürfe. Dennoch sei sie tief enttäuscht, zumal sie und die übrigen Teammitglieder von der Geschäftsleitung gar nicht als mögliche Kandidaten für den Posten in Erwägung gezogen worden seien, was wohl auch zutrifft. Ein knappes Halbjahr später kündigt sie. Sie hat sich heimlich wegbeworben und schließlich woanders eine neue, schlechter dotierte Stellung angetreten.

Gier und Geiz

Gier liegt dann vor, wenn ein Akteur begehrte Güter akkumuliert, und zwar unabhängig davon, ob er sie tatsächlich braucht. Wer nach diesen Gütern giert, tut dies um der Akkumulation willen.

Von einer gierigen Organisation kann dann gesprochen werden, wenn die Organisationsmitglieder nicht als Rollenträger integriert werden, sondern erwartet wird, dass sie sich als ganze Personen zur Verfügung stellen, metaphorisch gesprochen »mit Haut und Haaren«.

Gier ist eine asoziale Emotion. Denn der gierige Akteur nimmt in seinem Drang, die begehrten Güter schnellstmöglich in seinen Besitz zu bringen, keine Rücksicht auf die Bedürfnisse anderer. Gegebenenfalls entwendet er sie ihnen bedenkenlos.

In ihrer Asozialität sind Gier und Geiz verwandt: Der geizige Akteur weiß, dass andere die Güter brauchen, die er zur Verfügung hat, gibt aber von seinem Besitz nichts ab, sogar dann nicht, wenn er dafür entlohnt wird. Er gewinnt Lust aus der Macht, zu haben, was andere nicht haben. Nicht selten wird hinter dieser Haltung die Angst spürbar, nicht produktiv sein zu können. Mehr noch: Der Geizige hat die Phantasie, andere würden in seiner Situation produktiver sein, worum er sie beneidet. Hinter dem Geiz lauert die Gier, die verleugnet wird. Eine Form der Verleugnung ist der projektive Vorwurf an andere, sie seien gierig und hätten deshalb ihren Anspruch auf Unterstützung verwirkt.

Gierige Akteure sind von der Angst getrieben, nicht genug zu bekommen, wovon auch immer. Gleichgültig wie viel sie erhalten, es ist ihnen zu wenig, weil nicht die Menge, sondern ihre Befriedigungsfähigkeit für das Stillen der Gier ausschlaggebend ist. Dennoch setzt ein gieriger Akteur statt auf Qualität auf Quantität, da er fälschlicherweise glaubt, er könne so seine Unfähigkeit ausgleichen, nicht zu fühlen, wann genug genug ist.

Es gibt verschiedene Inhalte der Gier. Die bekanntesten sind wohl Neugier, Habgier und Geld- bzw. Profitgier. Die Wortbildungen verweisen auf eine bestimmte psychosoziale Dynamik: Was gierig getan wird, hat andere Voraussetzungen und Folgen als das, was ein Akteur genügsam tut. Zum Beispiel bei der Habgier: Der Akteur akkumuliert Besitztümer (»Habe«) und zwar unabhängig sowohl von ihrem Gebrauchswert als auch von ihrem Tauschwert. Bleibt die reine Quantität der Akkumulation übrig, impliziert dies eine Entwertung des einzelnen Gutes. Wie aggressiv sie ist, vermag ein gieriger Akteur nicht zu erkennen, da sich sein Begehren ja manifest auf das Gute der Güter richtet. Indessen kann ein massenhaftes Gut nur bedingt gut sein, weil es ihm an Besonderheit fehlt (was auch auf die Akkumulation von exklusiven Gütern zutrifft). An dieser Stelle geht die Gier mit dem Geiz eine Verbindung ein. Denn auch der Geiz ist aggressiv. Der Geizige enthält anderen seine (akkumulierten) Güter vor, die er ohne Weiteres mit ihnen hätte teilen können. Dennoch nutzt er sie auch nicht für den eigenen Gebrauch. Im Gesamtkontext gesehen, ist das enorm aggressiv, weil er anderen, die sie gebrauchen könnten, Güter vorenthält, diese sogar lieber zerstört als zur Verfügung zu stellen.

▶ Fallvignette Gier und Geiz

Ein Dienstleistungsunternehmen bietet zwei verschiedene Dienstleistungen an, die gut kombinierbar sind. Jede von ihnen wird in einer eigenen teilautonomen Abteilung von der Akquise bis zur Endabrechnung erbracht. Waren beide Abteilungen lange Zeit personell gleich stark besetzt, so sind inzwischen in einer zwei Stellen vakant, eine Wiederbesetzung ist nicht in Sicht. Die Geschäftsleitung erwartet, dass jede Abteilung bei der Erledigung eines Kundenauftrags auch an die andere Abteilung denkt und versucht, ihr einen Anschlussvertrag zu verschaffen. Wem eine erfolgreiche Transaktion gelingt, erhält eine Bonuszahlung. Dass es die verkleinerte Abteilung dabei bereits rechnerisch schwerer hat, wird zwar immer mal wieder thematisiert, an der Praxis ändert das aber nichts. In der verkleinerten Abteilung fühlt man sich benachteiligt und voller ohnmächtiger Wut. Als Folge entsteht eine konfliktreiche Situation, die dann auch zu einer Organisationsberatung führt: Die verkleinerte Abteilung hält systematisch wichtige Informationen zurück (Geiz), ohne die die große Abteilung nicht entscheiden kann, ob sich eine Akquise für sie lohnt; und die große Abteilung setzt die verkleinerte Abteilung massiv unter Druck, solche Informationen zu beschaffen, koste es, was es wolle (Gier), weil sie befürchtet, sonst ihre Personalstärke nicht länger legitimieren zu können und ebenfalls verkleinert zu werden.

Selbstwert und gefühlte Minderwertigkeit

Zumindest für den modernen Menschen ist es ein Muss, ein möglichst hohes Selbstwertgefühl zu entwickeln, weil es das Zutrauen des Akteurs in seine Handlungsmächtigkeit fördert. Wer sich seines Wertes sicher fühlt, der wagt es, Risiken einzugehen, weil er weiß, dass ihn auch ein Misserfolg nicht aus der Bahn wirft, denn es scheitern stets einzelne Handlungen, nie die ganze Person an sich.

Das Selbstwertgefühl eines Akteurs resultiert aus der psychischen Verarbeitung von Wertschätzungen, die ihm andere Akteure im Lauf seines Lebens entgegenbringen, vor allem solche, die für ihn lebenswichtig (gewesen) sind. Die so entstandene Selbsteinschätzung kann realistisch, aber auch unrealistisch sein. Ist das Selbstwertgefühl realistisch, schließt dies durchaus eine milde Übertreibung des Wertes ein, den sich der Akteur selbst zuschreibt. Unrealistisch wird es, wenn er maßlos übertreibt, sich als grandios darstellt oder sich sogar grandios fühlt. Zwar steht außer Frage, dass ein Akteur Großes leisten kann, inwieweit er sich dabei aber grandios fühlt, lässt sich daran bemessen, wie er mit Kritik umgeht. Größenphantasien schließen nicht nur die Kritik bedeutsamer anderer aus, sie unterbinden auch jegliche Selbstkritik. Kritik aber bedarf es, weil kein Akteur perfekt ist. Ohne sie bleiben Lernprozesse aus. Mit der fehlenden Fähigkeit und Bereitschaft zu lernen, steigt aber die Gefahr falscher Entscheidungen, durch die ein grandioser Akteur andere Akteure und letztlich sich selbst schädigt. Da die Inszenierung von Grandiosität sehr faszinierend sein kann, halten sich dafür empfängliche Akteure wider besseres Wissen mit Kritik zurück, um an dem großen Gefühl teilzuhaben. Dabei kann es zu der paradoxen Situation kommen, dass Entscheidungen glaubwürdiger und deshalb auch Erfolg versprechender erscheinen, je unrealistischer sie faktisch sind.

Hinzu kommt eine fatale Koppelung von Grandiosität und Verachtung. Wer der inszenierten Grandiosität gegenüber skeptisch bleibt, wird verächtlich gemacht. Statt geachtet, sieht er sich zum Beispiel als »Kleingeist« verspottet und deshalb auch nicht als Teil des »wilden Heeres«. Diesem Spott ausgesetzt zu sein, kann dazu führen, dass die Skeptiker verstummen oder die Organisation ganz verlassen und damit als Korrektiv ausfallen. Wer sich von einer solchen Dynamik einmal hat fortreißen lassen, erlebt es wie ein Aufwachen, wenn es ihm nach und nach gelingt, Abstand zu gewinnen und die Situation neu einzuschätzen.

Dies alles trifft gleichermaßen für Berater zu. Auch sie werden von grandiosen Akteuren und ihrer Gefolgschaft entwertet, um Lernprozesse zu verhindern und dem grandiosen Akteur seinen Status der Unangreifbarkeit zu sichern.

Zwar gibt es Akteure, die Größenphantasien haben und bedienen, auf allen Hierarchiestufen einer Organisation. Am häufigsten trifft man sie freilich in höheren Führungspositionen an, da sie in solche Positionen drängen. Begünstigt wird dies durch eine Organisationskultur mit einem hohen Erfolgsdruck, dem sie durch eine permanente Innovation gerecht zu werden versuchen.

Grandiositätsgefühle sind das Gegenteil von Minderwertigkeitsgefühlen, in vielen Fällen aber psychodynamisch mit ihnen verbunden. Vor allem dann, wenn der eigene Wert demonstrativ herausgestellt wird, ist der Verdacht angebracht, der Akteur sei sich seiner Sache längst nicht so sicher, wie er glauben machen will – anderen, aber auch sich selbst. Dann soll die Grandiositätsdemonstration von einer selbstkritischen Prüfung des Selbstwertes ablenken, bei der sich womöglich zeigen würde, dass den Akteur doch gehörige Selbstwertzweifel plagen. Da er seinen realen Selbstwert von seinen Grandiositätsgefühlen her bemisst, tappt er aber in eine Falle, da er seinen realistischen Selbstwert als dramatische Minderwertigkeit erlebt. Somit stellt sich sein Minderwertigkeitsgefühl als ein in sein Gegenteil verkehrtes Grandiositätsgefühl heraus.

Während Grandiositätsgefühle dazu führen, dass der Akteur sich allen anderen überlegen wähnt und deshalb niemandes Unterstützung braucht, führen Minderwertigkeitsgefühle zu der Überzeugung, dass er ein Anrecht auf eine exklusive Schonhaltung und Hilfestellung habe. Allerdings kann ein Minderwertigkeitsgefühl auch derart resignativ sein, dass es autoaggressiv wird und suizidale Neigungen befördert.

Die skizzierte Psychodynamik erhellt, warum Berater gut daran tun, Grandiositätsgefühle und -phantasien ihrer Klienten nicht abrupt aufzuklären und richtig zu stellen, gerade dann nicht, wenn sie deren Selbstdarstellung als schwer erträgliche Provokation erleben. Denn unter Umständen verbirgt die Maskerade ein fragiles Selbst, das sich mit wenig tauglichen Mitteln zu schützen sucht.

▶ Fallvignette Selbstwertgefühl, Grandiosität und
gefühlte Minderwertigkeit

Ein Ingenieur bekommt von seinem Vorgesetzten die Order, ein Projektteam zusammenzustellen und es zu leiten. Obwohl er bisher keinerlei Führungserfahrungen hat, ist er bereit, die Rolle zu übernehmen, trifft dabei aber auf Widerstand. Seine Unerfahrenheit ist im Unternehmen bekannt und weckt bei potenziellen Teammitgliedern begründete Skepsis, ob er denn auch der Aufgabe gewachsen sei. Infolgedessen versucht jeder, den er für sein Teambuilding gewinnen will, sich zu entziehen. Zwar gelingt es ihm, ein Projektteam zu bilden, aber eines, das ebenso unerfahren ist wie sein Leiter. In der Folge macht das böse Wort von der »Resterampe« die Runde.

Nun fragt man sich freilich, warum es der Vorgesetzte des Ingenieurs offensichtlich riskiert, mit seiner Rollenbesetzung zu scheitern. Um das Risiko zu verringern, ordnet er an, dass sich der Ingenieur als neue Führungskraft einen Coach nimmt, der ihn in der Anfangszeit begleitet. Der Coachee erlebt diese Maßnahme dann aber nicht als Unterstützung, sondern als Zwang und Geste der Unterwerfung. Er ist nicht bereit, sich darauf einzulassen. Aber er kann die Maßnahme auch nicht einfach ablehnen, weil das Insubordination wäre.

Er wählt einen Kompromiss: Vor allem in der ersten Coachingsitzung redet nur der Coachee und lässt dem Coach damit keinen Raum für Nachfragen. Dieser fühlt sich ausgeschlossen, daran gehindert, sich ein eigenes Bild der Situation seines Coachees zu machen, denn der weiß schon immer alles besser. Dieses Verhalten schwächt sich zwar in den nächsten Coachingsitzungen ab, verschwindet aber nicht. Es hat den Anschein, als fühle sich der Coachee existenziell bedroht, wenn er dem Coach einen unverstellten Einblick in sein Innenleben gewähren würde. Offenbar ist es für ihn nur schwer erträglich, wenn ein anderer mehr über ihn weiß als er selbst.

Mit der Zeit bekommt der Coach den Eindruck, dass sein Coachee nicht erst aktuell bei Vorgesetzten und Kollegen als ein schwieriger Mitarbeiter gilt. Vermutlich hat sich bei ihnen erheblicher Ärger und Zorn auf den Coachee angestaut. Zumindest lässt sich so erklären, warum die Verantwortlichen sehenden Auges das Risiko eingehen, das eine Besetzung der Teamleiterstelle mit seinem Coachee bedeutet: Sie lassen ihn in eine Falle laufen, was – schnappt sie zu – aber nicht nur ihm, sondern der gesamten Organisation schadet.

Schamgefühl und Beschämung

Ein Schamgefühl tritt ein, wenn ein Akteur öffentlich einen Anspruch erhebt, hinter dessen Erfüllung er dann aber selbst zurückbleibt. Zwar stellt sich die Scham auch dann ein, wenn er den Anspruch nur vor sich allein erhebt, indessen erhöht eine Veröffentlichung den Druck, ihn erfüllen zu müssen.

Das Auftreten eines Schamgefühls kann die Folge einer Beschämung sein. Dann stellt der beschämende Akteur die Diskrepanz zwischen Anspruch und Erfüllung heraus, die der beschämte Akteur geheim halten möchte. Oft reicht es bereits aus, eine Diskrepanz zu behaupten, um einen Akteur zumindest vorübergehend zu diskreditieren.

Fallen Anspruch und Erfüllung zusammen, dann sollte ein Akteur mit sich zufrieden sein. Oft ist er aber zufriedener, wenn er in gewissen Grenzen hinter seinem Anspruch zurückbleibt, weil eine solche Diskrepanz motivierend wirkt. Motiviert sie ihn, braucht er sich nicht zu schämen.

Erhebt ein Akteur einen hohen Anspruch, hinter dem er unerreichbar weit zurückbleibt, wirkt das demotivierend. Um genau das zu verhindern, liegt es nahe, den Anspruch so weit abzusenken, dass seine Erfüllung wieder in Reichweite kommt. Freilich gibt es auch Hochstapelei. Dann suggeriert der Akteur anderen und sogar sich selbst, er erfülle »höchste Ansprüche«. Dabei handelt er sich aber eine ständige Angst ein, demaskiert zu werden.

Droht seine Demaskierung, kann ein beschämter Akteur aggressiv werden. Dann greift er seinerseits an, um von dem erhobenen, aber nicht erfüllten Anspruch abzulenken. Dass er glaubt, zu solchen Mitteln greifen zu müssen, kann ihn wiederum beschämen, wenn andere von ihm einen souveränen Umgang mit der Situation erwarten, mehr noch: wenn er ihn von sich selbst erwartet. So kann eine Spirale in Gang kommen: der Beschämung folgt die Abwehr durch einen protektiven Angriff, aus dem sich wiederum Schamgefühle aufgrund einer sozial unerwünschten Mittelwahl ergeben. Im Endeffekt bleibt Schamangst: die Angst bei ungenügender Vorsicht jederzeit von anderen Akteuren oder durch unvorhergesehene Umstände beschämt werden zu können.

Einem Akteur können Beschämungen zum Beispiel dadurch unterlaufen, dass er die Empfindlichkeit eines anderen falsch einschätzt. Das führt dann zu ungewollten Beschämungen. Sie bzw. die Erzeugung von Schamangst kann aber auch absichtlich als Machtmittel eingesetzt werden, um andere dazu zu bringen, sich zu fügen. Das trifft auch für Schamlosigkeit zu, die ein kontraphobischer Angriff ist: Der schamlose Akteur zwingt einen anderen, etwas wahrzunehmen, was diesen moralisch empört. Dass er eine derart starke Emotion auszulösen vermag, verbucht er als psychischen Gewinn.

Schamgefühle führen oft dazu, dass Organisationsmitglieder wichtige Informationen verschweigen, weil sie nicht mit ihren eigenen Unzulänglichkeiten konfrontiert werden möchten. Sie fürchten, diese könnte ihnen die Anerkennung ihrer Vorgesetzten und Kollegen kosten. Wenn heute betont wird, in Organisationen sollte eine »Fehlerkultur« entwickelt werden, dann setzt dies bei den Akteuren die Gewissheit voraus, sich für Unzulänglichkeiten nicht schämen zu müssen. Wobei milde Schamgefühle durchaus produktiv sein können, da sie zu einer selbstkritischen Überprüfung des Verhältnisses von Anspruch und Erfüllung motivieren.

Es schämen sich aber nicht nur Organisationsmitglieder, sondern auch deren Berater, da auch sie Ansprüche an ihre professionelle Beratungstätigkeit haben, hinter deren Erfüllung sie zurückbleiben können. So schämt sich möglicherweise ein Berater, weil es ihm nicht gelingt, seinem Klienten zu helfen, über Schamgefühle und Schamängste zu sprechen. Wie er dabei mit seinen eigenen Schamgefühlen und Schamängsten umgeht, kann für den Klienten zu einem Modell für Selbstenthüllung werden.

Ein Klient darf erwarten, in einer professionellen Beratung nicht beschämt zu werden. Für den Berater ist deshalb Vorsicht angebracht. Allerdings kann auch eine Abwehrkonstellation im Spiel sein: Der Klient gibt sich derart empfindlich, dass der Berater Beschämungen kaum vermeiden kann. Treten sie ein, bekommt der Berater zu hören, wie unsensibel er doch sei, es dürfe ihn daher nicht verwundern, wenn er, der Klient, sich nicht enthülle. So gesehen, kommen Berater und Klient nicht umhin, beiderseitige Beschämungen zu riskieren.

▶ Fallvignette Schamgefühl und Beschämung

Dass milde Schamgefühle motivieren und starke Schamgefühle demotivieren, ist eine Beobachtung, die in der Supervision von Lehrern und ihren Schulklassen häufig gemacht werden kann. Präsentieren Lehrer anerkanntes »überlegenes« Schulwissen, während die Wissensbestände der Kinder und Jugendlichen vergleichsweise wenig Anerkennung finden, sind die Ziele abgesteckt. Schüler, die Standards verfehlen, zu deren Erhebung sie selbst nicht beitragen dürfen, sehen die Ziele als fremdbestimmt und damit als Angriff auf ihre (soziokulturelle) Selbstbestimmung, gegen den sie sich zu wehren suchen. Die dazu gehörende Emotion ist der Trotz, der eine drohende Beschämung kontraphobisch abwehrt.

Versuchen Schüler es den Lehrern mit gleicher Münze heimzuzahlen, dann indem sie immer wieder das »überlegene« Wissen ihrer Lebenswelt demonstrieren, von dem die Lehrer nichts verstünden, ja sogar selbst Belehrung nötig hätten. Deutliche Differenzen bestehen beispielsweise häufig hinsichtlich des kompetenten Umgangs mit neuen Medien, bei dem eine große Zahl von Schülern ihren Lehrern ebenbürtig oder sogar überlegen ist.

Beschämungen gibt es freilich auch unter den Schülern. Dort werden rituelle Statuskämpfe mit rhetorischen Mitteln ausgetragen, die auf eine Beschämung bzw. Demütigung des Gegners zielen. Wer diese rituelle Praxis beherrscht, steigt innerhalb der Schulklasse und auf dem Pausenhof schnell auf, gewinnt an Macht und Einfluss. Dabei gilt die Grundregel: Wer beschämt wird, lässt sich nichts anmerken und versucht im Gegenzug, die rhetorischen Mittel zu steigern: aus Beschämung wird Beschimpfung.

Schamgefühle sowie die Angst vor ihnen reißen oft schmerzliche psychische Wunden, die es schnellstmöglich zu beseitigen gilt: So gelingt es einem Jugendlichen mit ausgeprägter Macho-Attitüde, der aus einem bildungsfernen, wenn nicht bildungsfeindlichen Milieu stammt, zu verbergen, dass er ein funktionaler Analphabet ist. Die Lehrerin übersieht dies – warum? – systematisch. Als sie ihn drängt, ein romantisches deutsches Gedicht vorzulesen, steht er auf, wirft seinen Stuhl um, rempelt die Lehrerin an und verlässt türenschlagend den Klassenraum.

Stolz, Hochmut und Arroganz

Sieht man von der Diskreditierung des Stolzes ab, wie sie z. B. in christlichen Tugendlehren zu finden ist, so kann man zwei Arten von Stolz unterscheiden: In der ersten, den man berechtigen Stolz nennen mag, liegt der nonverbalen und verbalen Inszenierung eines vergrößerten Selbst eine außergewöhnliche Leistung zugrunde. Der Maßstab, an dem die Leistung gemessen wird, kann individuell und muss nicht auf einen Gruppendurchschnitt bezogen sein.

In der zweiten Art von Stolz gibt es eine solche außergewöhnliche Leistung nicht. Dann fehlt dem Stolz die Berechtigung. Wer dennoch stolz ist und es zeigt, täuscht andere und womöglich sich selbst. Er verfährt strategisch-taktisch, legt es darauf an, dass ihm etwas als Leistung zugeschrieben wird, was keine Leistung ist, zumindest nicht seine eigene.

Was, wenn jemand auf seine Mitgliedschaft in einer Organisation stolz ist? Eine Mitgliedschaft lässt sich zum Beispiel dann als Leistung verbuchen, wenn der Akteur zuvor eine Einstellungsprüfung erfolgreich bestanden hat. Welche Leistung wird indessen beansprucht, wenn der Akteur stolz ist, ein gebürtiger Deutscher zu sein – ein Weißer (und kein Farbiger) oder ein Mann (und keine Frau)? Solche Fälle legen nahe, beim Stolz stellvertretende Leistungen mit zu berücksichtigen. Es mag diskutiert werden, ob auch derjenige stolz sein darf, der nicht nur selbst außergewöhnliche Fähigkeiten besitzt und außergewöhnliche Leistungen vollbringt, sondern auch derjenige, der sich mit einem Vorbild oder einer vorbildlichen Gruppe identifiziert.

Wer seinen Stolz ausstellt, ob dieser nun berechtigt ist oder nicht, lässt andere Akteure und vor allem seine Konkurrenten glauben, dass er fähig, leistungsstark sowie erfolgreich sei und infolgedessen einen Anspruch auf einen hohen, vielleicht sogar überlegenen sozialen Status habe. Ein solches Verhalten kann einem den Vorwurf einbringen, arrogant zu sein.

Ist der Stolz erkennbar unberechtigt, dann lautet der Vorwurf, es mit einem »Blender« zu tun zu haben. Ist er dagegen erkennbar berechtigt, bezieht sich der Vorwurf der Arroganz auf die Art und Weise, wie der Anspruch erhoben wird. Arrogant ist der Akteur dann, wenn er vorrangig auf eine Beschämung des Leistungsschwächeren und Unterlegenen abzielt. Dass ein Akteur seine Erfolge verschweigt oder gering schätzt, darf dennoch nicht von ihm erwartet werden, aber er darf auch nicht den Ausdruck seiner Hochgestimmtheit – seinen Hochmut – übertreiben, will er sich in der Organisation Unterstützungsbereitschaft erhalten.

Stolz ist eine emotionale Facette des Narzissmus. Auch beim Narzissmus gibt es eine benigne und eine maligne Variante. In der benignen Variante werden die eigenen Fähigkeiten und Leistungen so positiv dargestellt, dass sie das Selbstwertgefühl steigern, ohne die Realitätswahrnehmung und -prüfung völlig zu entstellen. In dieser Hinsicht ist die benigne Variante eine nützliche psychische Ressource, wirkt sie doch einer potenziellen Entmutigung entgegen, indem sie Zuversicht verbreitet.

Maligne Narzissten übertreiben ihre Fähigkeiten und Leistungen und fühlen sich allen anderen überlegen, gar unerreichbar in ihrer Grandiosität. Sie sind süchtig nach Bewunderung und tun alles, um bewundert zu werden. Es fällt ihnen schwer, die Fähigkeiten und Leistungen ihrer Mitmenschen zu erkennen und anzuerkennen. Zudem neigen sie dazu, ihnen Neid auf sich zu unterstellen. Letztlich haben sie ein übersteigertes Bewusstsein ihres Selbstwertes, das sie gegen Kritik immunisiert, in dem aber zugleich eine tief sitzende Angst vor Minderwertigkeit lauert. Wenn unberechtigter Stolz hart mit der Realität konfrontiert wird, kann es zu einer enttäuschenden Invalidierung des idealisierten Selbstbildes kommen, die umso fatalere Folgen hat, je mehr Lebensbereiche von der vorherigen Idealisierung betroffen sind.

▶ Fallvignette Stolz, Hochmut und Arroganz

In einem Dienstleistungsunternehmen gibt es verschiedene Abteilungen, die alle auf eigene Rechnung arbeiten. Allerdings wird von ihnen erwartet, dass sie die Kontakte zu ihren eigenen Kunden nutzen, um Kunden für andere Abteilungen zu akquirieren. Die Häufigkeit, mit der das gelingt, wird am Ende des Geschäftsjahres in eine Bonuszahlung umgemünzt. Dabei bleibt unberücksichtigt, dass auch innerhalb einer Abteilung nicht alle gleichermaßen erfolgreich sind. Über mehrere Jahre hinweg wird dieses Verteilungsmodell akzeptiert. Es gilt als gerecht, weil sich unterschiedliche Jahresergebnisse immer wieder ausgleichen.

Das ändert sich, als eine der Abteilungen sehr viel erfolgreicher wird als die anderen. Aus dieser Abteilung kommt die Klage, das bisherige Verteilungsmodell sei nicht leistungsgerecht und müsse deshalb schleunigst angepasst werden. Die vorgeschlagene Anpassung besteht darin, einzelne Leistungsposten akribisch zu dokumentieren und zu verrechnen – und zwar abteilungsübergreifend. Gibt es zunächst etliche

Stimmen, die für eine Beibehaltung des alten Modells plädieren, so ziehen sie sich entnervt zurück, als die Diskussion im Ton immer schärfer und entwertender wird.

Zu diesem Zeitpunkt engagiert die Geschäftsleitung einen Organisationsberater, der alle an einen Tisch bringen soll, um die Situation zu klären. Schnell zeichnet sich als Thema ab, dass es um eine Veränderung der Organisationskultur geht, die auch als psychische Veränderung der Kollegenschaft erlebt wird. So schreiben sich diejenigen, die das alte Verteilungsmodell verteidigen, eine Großzügigkeit zu, auf die sie stolz sind, weil Spielraum für kollegiale Beziehungen bleibt, die sie durch die Kleinlichkeit der Gegenpartei gefährdet sehen. Die Gegenpartei kann ihrerseits diese Großzügigkeit nicht schätzen, sondern setzt auf Provokation: äußert lautstark den Verdacht, Großzügigkeit sei nichts anderes als Angst vor Konkurrenz – und zwar die begründete Angst der Leistungsschwachen und wenig Leistungsbereiten.

Da die Auseinandersetzung mit diesem Verdacht zeitweise tumultartig ist und Verständigungsversuche auf der Strecke bleiben, schlägt der Organisationsberater die Bildung einer moderierten paritätisch besetzten Arbeitsgruppe vor, die sich mit der bisherigen und künftigen Organisationskultur befassen soll. Zur Überraschung der Teilnehmer setzt der Berater aber nicht mögliche Verteilungsmodelle an die erste Stelle der Agenda, sondern regt an, gemeinsam darüber zu sprechen, was ihnen ihre Aufgabe im Allgemeinen und speziell in dieser Organisation bedeutet.

Langeweile

Langeweile kommt in zwei Formen vor: als situative und als habituelle. Situativ ist sie dann, wenn sich der Akteur in einer vorübergehenden reizarmen Situation befindet, die er negativ erlebt und durch eine Suche nach einer geeigneten Stimulation zu überwinden versucht. Im Unterschied dazu ist habituelle Langeweile nicht so leicht zu bewältigen und zudem ein Situationen übergreifendes Persönlichkeitsmerkmal. Wer ein solches Merkmal hat, langweilt sich schnell, anhaltend und schwer erträglich. Für ihn bleibt die Zeit stehen: Er ist für immer und ewig in einem quälenden Zustand der Indifferenz gefangen. Nichts bedeutet irgendetwas. Zumindest erlebt es ein gelangweilter Akteur so. Hofft er auf eine Befreiung aus diesem Gefängnis, muss die von außen kommen. Denn er erlebt es so, dass ihn die Langeweile überfällt, ohne dass er selbst zu ihrer Entstehung beiträgt. Das einzige, was er dann tun kann, ist warten. Mit dem Warten aber steigt die Qual, ein Leben grau in grau zu leben. Ist die Langeweile nicht länger zu ertragen, flieht ein habituell gelangweilter Akteur in einen Aktionismus, der ihn aus seiner Passivität herausreißen soll. Einziges Ziel ist es für ihn, die Indifferenz zu beenden, gleich wie. Das aber gelingt nur mittels Reizen, die so intensiv sind, dass sie nicht übergangen werden können. Und das sind Reize, bei denen das Leben selbst auf dem Spiel steht. Deshalb kommt es immer wieder vor, dass habituell gelangweilte Akteure hoch riskante Unternehmungen tätigen und dabei auch vor destruktiven Handlungen nicht Halt machen. Damit schlägt Langeweile in Zerstörungswut um.

Eine häufige Ursache von Langeweile ist Unterforderung. Unterfordert bietet die primäre Aufgabe, die erledigt werden muss, keine Anregung. Auch Routine kann zum Problem werden. In solchen Fällen ist ein Akteur, der seine primäre Aufgabe wie im Schlaf erfüllt, nicht wach genug, um wahrzunehmen, dass die eingesetzten Routinen nicht optimal greifen. Indem er dies übersieht, wird sein Handeln zum Risiko. Ein Akteur kann ein solches Risiko sogar selbst suchen, um sich in seiner Langeweile die Anregungen zu verschaffen, die er vermisst. Dann weicht er mutwillig von den eingespielten Routinen ab, um sich und anderen Akteuren seine ungenutzte Potenz zu beweisen.

Überraschender Weise kommt Langeweile auch bei Überforderung vor. Statt sich und anderen einzugestehen, überfordert zu sein, und deshalb Unterstützung zu bedürfen, reagiert der Akteur kontraphobisch. Er präsentiert eine Langeweile, die signalisieren soll, dass es ein Leichtes sei, seine primäre Aufgabe zu erfüllen. Genau dadurch verhindert er aber eine rechtzeitige Problembearbeitung. So gesehen, ist bei einer demonstrativen Langeweile immer mit dem (unbewussten) Bemühen zu rechnen, eine erschütterte Größenphantasie zu reparieren.

Nicht alle Akteure langweilen sich gleich schnell und gleich stark. Alle benötigen unterschiedlich intensive Anregungen, um sich wohlzufühlen und ihre optimale Leistung zu erbringen. Wo sich die einen kaum konzentrieren können, weil sie sich dauernd ablenken lassen, brauchen andere einen Reizteppich, der sie einhüllt, um ihre primäre Aufgabe erfolgreich erfüllen zu können.

▶ Fallvignette Langeweile

Eine Nachwuchsführungskraft fragt Coaching nach, um ihre Karrierechancen auszuloten. Der Coachee ist Leiter eines erfolgreichen Projektes, das nach anfänglichen Startschwierigkeiten inzwischen fast von alleine läuft. Seitdem langweile er sich. Er überlege, neue Herausforderungen zu suchen und das Unternehmen zu wechseln.

Coach und Coachee spielen einige Szenarien durch, was aber keine konkreten Ergebnisse bringt. Der Coachee fühlt sich nur noch mehr gelangweilt. Dabei gewinnt der Coach den Eindruck, der Coachee meine es mit seinen Überlegungen gar nicht ernst. Und auch die Langeweile, gebetsmühlenartig vorgetragen, irritiert ihn immer mehr. Um Abstand zu gewinnen, bittet er den Coachee, die Geschichte des Projektes zu erzählen.

Es stellt sich heraus, dass der Coachee die Projektleitung übernommen hat, obwohl er wusste, dass die zur Verfügung gestellten Ressourcen äußerst knapp berechnet waren. So hätte er gute Gründe gehabt, die fehlenden Ressourcen nachzufordern, was er aber nicht getan hat. Stattdessen hegt er die Wunschvorstellung, dadurch Punkte für seine Karriere sammeln zu können, dass er stillschweigend mit knappen Ressourcen eine außergewöhnlich riskante Aufgabe meistert, was seiner Erwartung nach große Anerkennung verdient. Diese Anerkennung ist ausgeblieben. Der Coachee muss sich die Kritik gefallen lassen, ein unnötiges Risiko eingegangen zu sein. Und das, wo doch Risikobereitschaft zu den erklärten Tugenden der Unternehmenskultur gehört. Der Coachee ist wegen der ausbleibenden Anerkennung enttäuscht und, auch wenn er sich das erst nicht eingestehen mag, wütend. Verschämt berichtet er: Im Projekt würde es einige tote Zeiten geben, in denen langweile er sich besonders. Und wenn er sich langweile, dann spiele er an seinem Arbeitsplatz das eine oder andere Mal die neuesten Ego-Shooter-Computerspiele; mit deren Hilfe könne er sich gut abreagieren. Vor Kurzem habe ihn einer seiner Vorgesetzten dabei überrascht, aber nichts gesagt. Im Übrigen sei ihm dies auch gleichgültig. Damit gibt er einen selbstschädigenden Trotz zu erkennen, der ihn früher oder später seine Karriere kosten kann.

Schuld und Schuldgefühl

Schuldgefühle sollte ein Akteur dann haben, wenn er Regeln zum Schaden eines anderen bricht. Voraussetzung dafür ist zweierlei: zum einen muss er absichtlich handeln, zum anderen muss er den Regelbruch tatsächlich verursacht haben. Schuldgefühle können allerdings auch auftreten, ohne dass die beiden Voraussetzungen erfüllt sind. Es gibt Fälle, da fühlt sich der Akteur schuldig, obwohl er gar nicht für den Schaden des anderen verantwortlich ist. Schuldgefühle sind ein emotionales Anzeichen dafür, dass dem Akteur sein Regelbruch bewusst ist, zumindest aber auf Bewusstwerdung drängt.

Werden unbewusste Schuldgefühle angeführt, so kann das heißen, dass ein Akteur präreflexiv mit Identifikationen konfrontiert wird, die er sich bisher noch gar nicht bewusst gemacht hat. Schuldgefühle sind in dieser Hinsicht eine Frage, die sich der Akteur selbst stellt: Will er auch künftig die Regeln anerkennen und befolgen oder tritt er für ihre Veränderung ein?

Regeln sind nicht sakrosankt. Sie können verändert werden und sie müssen es auch im Dienste eines irgendwie gearteten Fortschritts.

Dabei gibt es zwei Typen von Akteuren: solche, die mit den Regeln identifiziert sind und sie deshalb auch nicht, es sei denn unbeabsichtigt, brechen; und solche, die sie absichtlich brechen. Beabsichtigte Regelbrüche werden bestraft, unbeabsichtigte nicht, zumindest nicht gleich schwer; den Akteuren lässt sich immer noch vorhalten, sie seien nicht aufmerksam genug gewesen. Sanktionierung muss sein, wobei die konstruktivste Form die der Wiedergutmachung ist. Deren Ausmaß entspricht meist der Zentralität der gebrochenen Regel. Akzeptiert der Akteur die angebotene Wiedergutmachung, vermeidet er einen sozialen Ausschluss, kann aber zugleich bis auf Weiteres unter Bewährung gestellt werden. So verlangt man ihm zum Beispiel zukünftig eine besonders strenge Regelbefolgung ab, um glaubwürdig zu sein bzw. zu erscheinen.

In der Regelgenese einer Gemeinschaft kann früher oder später die Situation eintreten, dass sich bisher geltende Regeln nicht länger legitimieren lassen. Es tauchen Zweifel an ihrem Nutzen auf – erst bei einzelnen Akteuren, dann kommen weitere hinzu. Ab einer kritischen Masse steht das Regelsystem unter einem wachsenden Veränderungsdruck, der auf die Einführung neuer – nützlicherer – Regeln hinausläuft.

Veränderungen sind dann am schwierigsten zu vollziehen, wenn der Akteur mit den Regeln identifiziert ist. Denn Identifikationen sind das Ergebnis langwieriger Sozialisationsprozesse, durch die ein Akteur in soziale Beziehungen mit seinesgleichen eingebettet wird. Dies schafft Orientierungssicherheit, weshalb es ein Risiko ist, sie aufzugeben. Wer Regeln absichtlich bricht und sei es aus guten Gründen, läuft Gefahr, von nach wie vor identifizierten Akteuren als »Verräter« gebrandmarkt und verfolgt zu werden.

Schuldgefühle sind nicht mit Schuld (im rechtlichen oder moralischen Sinn) gleichzusetzen. Wem eine Schuld objektivierend nachgewiesen und deshalb begründet zugeschrieben wird, muss sich trotz alledem nicht schuldig fühlen. Ebenso kann sich ein Akteur im umgekehrten Fall schuldig fühlen, obwohl ihn eine genaue Analyse von jeder Schuld freispricht. Idealtypisch betrachtet, fallen Schuld und Schuldgefühl zusammen: Wer Schuld hat, soll sich auch schuldig fühlen, weil ein quälendes Schuldgefühl dafür sorgen kann, dass der Akteur darauf achtet, nicht wieder schuldig zu werden. So gesehen, haben Schuldgefühle eine wichtige sozialintegrative Funktion: Sie lancieren die Unterstellung, schuldig zu sein, um zu prüfen, ob und wie weit das Gefühl der Realität entspricht. So gibt es Fälle, in denen der Akteur objektiv unschuldig ist, aber auf seinen Schuldgefühlen besteht. So quälend es auch sein mag, sich schuldig zu fühlen, impliziert dies doch zugleich, nicht ohnmächtig, sondern handlungsmächtig zu sein: überhaupt die Fähigkeit zu haben, Regeln zu brechen. Und wer Regeln brechen kann, der wird auch neue Regeln institutionalisieren können. In höchstem Maße belastend ist es, wenn eine Gemeinschaft bestimmte Regeln außer Kraft setzt, ohne bereits ein funktionales Äquivalent in petto zu haben.

Schuldgefühle haben auch Anteil an der Institutionalisierung von Machtverhältnissen: Wem es gelingt, anderen Schuldgefühle zu machen, kann diese dazu bringen, sich seinem Willen zu unterwerfen. Insofern ist Beschuldigung eine mikropolitische Strategie. Sie hat dann Erfolg, wenn die Beschuldigten empfänglich sind, Schuldgefühle zu entwickeln, ohne die Schuldfrage zu stellen, oder tatsächlich schuldig geworden zu sein, ohne die Schuld fühlen und damit auch anerkennen zu können.

▶ Fallvignette Schuld und Schuldgefühl

Auf einer Krankenhausstation findet regelmäßig Teamsupervision des Pflegepersonals statt. Das Team ist eingespielt und arbeitet zur Zufriedenheit des Supervisors mit. Allerdings irritiert ihn eine bestimmte Interaktionsdynamik, die immer einmal wieder auftritt: Thema ist mangelnde Unterstützung. Gewünscht wird, sich bei Bedarf untereinander zu vertreten und das häufiger, als es bisher der Fall ist.

Der Teamsupervisor gewinnt den Eindruck, dass damit das Verhältnis der einzelnen Pflegekraft zu dem Team als überindividueller Einheit angesprochen wird. Es ist kaum zu überhören, dass dazu Gesprächsbedarf besteht. Versucht der Supervisor ein solches Gespräch anzuregen, kommt es aber nicht in Gang. Er trifft auf ein Schweigen, während dem er das Team völlig abweisend erlebt.

Da er sich diese irritierende Gruppendynamik nicht erklären kann, vermutet er ein Geheimnis. Und in der Tat ergeben sich dafür nach und nach einige Hinweise. Als eine neue Pflegekraft in das Team integriert wird, kommen eher beiläufig Rituale zur Sprache, mit denen das Team eine solche Integration üblicherweise vollzieht. Im Kern handelt es sich jeweils um Situationen, in denen man die Neuen überraschenden körperlichen Übergriffen aussetzt und beobachtet, wie sie darauf reagieren.

Auch wenn diese Übergriffe als symbolische Gewalt verstanden werden können, mit der das Team die Neuen einem Stresstest unterzieht, der Auskunft über ihre zu erwartende Loyalität geben soll, so ist es aber dennoch ein gewalttätiger Bruch der Regeln eines friedfertigen Miteinanders. Da alle Teammitglieder diese Regeln gemeinsam brechen, machen sie sich alle gleichermaßen schuldig. So sind es ihre Schuldgefühle, die sie aneinander binden. Wer nicht bereit ist, sich schuldig zu machen, wird nicht integriert und bleibt dementsprechend auch nicht lange. Die rituelle Praxis erzwingt eine Loyalität, die auf der einen Seite die einzelnen Teammitglieder schützt und das Team gegenüber der Stationsleitung stark macht, auf der anderen Seite aber notwendige Innovationen verhindert. Unausgesprochen zählt die verschworene Gemeinschaft, die auch Übergriffe deckt, mehr als die individuelle Verantwortung.

Ärger und Groll

Ein Akteur erlebt Ärger, wenn er ein bestimmtes Ziel seines Handelns nicht erreichen kann, weil ihn ein anderer absichtlich daran hindert. Wenn er ihm dann mit grimmigem Blick begegnet, signalisiert er, dass er nicht so ohne Weiteres bereit ist, dies einfach hinzunehmen.

Kann der andere überzeugend darlegen, dass die Hinderung keine Absicht war, mag sich der Akteur immer noch ärgern, aber weniger und ohne Androhung eines Angriffs.

Wie ein Akteur tatsächlich handelt, hängt von seiner Einschätzung des bestehenden Machtverhältnisses ab. Es gibt drei Varianten: Der Akteur schätzt sich überlegen, unterlegen oder gleich mächtig ein. Da er aber meist nicht sicher wissen kann, ob seine Einschätzung zutrifft, rechnet er einen Irrtumsvorbehalt mit ein. Am ehesten wird der Akteur seinen Ärger in einen Angriff umsetzen, wenn er sich überlegen oder gleich mächtig wahrnimmt.

Er kann dies sogar dann tun, wenn er unterlegen ist, weil es nicht nur auf den Sieg ankommt, sondern auch auf die Abwehr einer Beschädigung seines Selbstbildes, sich nichts gefallen zu lassen.

Freilich kann er sogar, obwohl überlegen, seinen Ärger hinunterschlucken, womit er durchaus bei demjenigen, der ihn ärgert, sowie bei der interessierten Öffentlichkeit Punkte macht, indem er sich als grundsätzlich friedfertig darstellt. Allerdings kann dies auch die Ausgangssituation für anhaltenden Groll sein. Dann hat der Akteur nicht freiwillig gehandelt, sondern ist zu einem Verzicht gezwungen worden, was ihn auf seinen Ohnmachtsgefühlen sitzen lässt.

In Organisationen richtet sich der Ausdruck von Ärger nach der hierarchischen Position: Vorgesetzten ist es eher erlaubt bzw. wird es eher nachgesehen, sich offen über ihre Untergebenen zu ärgern als Untergebene über ihre Vorgesetzten. Untergebene, die sich daran halten, werden gezwungen, ihren Ärger, berechtigt oder nicht, zu unterdrücken. Das staut ihn auf und macht ihn explosiv.

Ärger ist eine emotionale Form von Kritik. Verärgerte Kritiker tun gut daran, ihren Ärger soweit zu dämpfen, dass der Sachgehalt der Kritik gehört werden kann. Unkontrollierter Ärger (zu Zorn und Wut gesteigert) verschiebt die Aufmerksamkeit. Deshalb dürfte es kommunikativ ratsam sein, den Ärger vom Sachgehalt der Kritik zu trennen. Es gibt aktuellen Ärger und eine habituelle Ärgerneigung. Akteure, die eine große Neigung haben, sind leicht zu verärgern, wobei es vorkommt, dass die Intensität des Ärgers nicht zum Anlass passt, was für einen lebensgeschichtlichen Verstärker spricht (»Schon immer sind meine Ziele hintertrieben worden. Schluss damit!«).

Lässt sich Ärger vermeiden? Wohl kaum. Ist es überhaupt wünschenswert? Im Ärger treffen Zielvorstellungen auf Barrieren und bieten so einen Anlass, sich Klarheit über deren Legitimation zu verschaffen. Wenn Ärger aus der Verhinderung eines legitimen bzw. sozial erwünschten Zieles resultiert, ist er gerechtfertigt. Zwar kann die Verhinderung eines illegitimen bzw. sozial unerwünschten Zieles ebenfalls Ärger hervorrufen, der Akteur muss dann aber damit rechnen, dass er vergleichsweise wenig soziale Unterstützung erhält.

Wie meist bei Emotionen so erlebt ein Akteur seinen Ärger als etwas, das ihm zustößt. Es hängt nicht von seinem Willen ab, ob er sich ärgert oder nicht. So gesehen hat der Akteur keine Kontrolle über seinen Ärger. Tatsächlich trifft diese Einschätzung nur bedingt zu. Denn es gibt Akteure, die sind derart emotional kontrolliert, dass sie sich kaum oder gar nicht ärgern, genauer gesagt, dass sie ihren Ärger dämpfen, bevor sie ihn erleben oder zeigen. Im Extremfall ärgern sie sich über nichts und niemanden. Genau das ist aber auch ein Problem.

Wer sich nicht über einen anderen ärgert, gleich, wodurch der ihn verärgert hat, enthält ihm eine wichtige Botschaft vor: dass er sich fehlverhalten und damit die soziale Ordnung gestört hat. Ohne darum zu wissen, kann der andere zukünftig nicht Vorsicht walten lassen (wenn er das denn will). Sich partout nicht zu ärgern, setzt ein Signal, das provoziert. Indem der Akteur absolut cool bleibt, verweigert er jegliche soziale Resonanz und negiert damit den Status des anderen als ernst zu nehmend, was nun wiederum diesen ärgert, so dass es zu einer Spirale verschobenen Ärgers kommen kann.

Ärger kann nicht nur gedämpft werden, tritt er erst einmal spontan auf, kann ihn ein Akteur auch verstärken, z. B. indem er sich wieder und wieder vergegenwärtigt, wie kränkend doch der Anlass gewesen ist, der zu seinem Ärger geführt hat. Dadurch nimmt der Ärger an Intensität zu und zwar solange, bis die Schwelle überschritten ist, die bislang ärgerbedingte Aggressionen gehemmt hat.

Ärger, besser gesagt: Die Entstehung und Bewältigung von Ärger in Alltag und Beruf gilt vielen als gesundheitsrelevant. Ob es zutrifft, dass ausgelebter Ärger gut für die psychische Gesundheit sei, lässt sich bisher nicht zweifelsfrei sagen.

▶ Fallvignette Ärger und Groll

Ein junger Bankangestellter fragt Coaching nach, weil er, wie er selbst sagt, Probleme habe, seine Emotionen zu regulieren. Insbesondere mit seinem Ärger komme er nicht zurecht. Über den Tag ärgere er sich häufig, sei es über Kollegen und Vorgesetzte, aber auch über einen Computer, der zu langsam arbeite, und sogar über einen zu süßen Nachtischpudding in der Kantine. Eigentlich nichts Großes, in der Summe aber kaum erträglich. Zudem merke man es ihm am Gesicht an, wenn er viel Ärger aufgestaut habe. Dann sei mit ihm kaum ein vernünftiges Gespräch mehr zu führen. Er sei auch – vergeblich – dem Rat eines Kollegen gefolgt und habe jeden Ärger sofort abreagiert, statt ihn aufzuschieben, verbal, aber auch schon einmal mit einem Tritt gegen den Schreibtisch. Besser sei es ihm dadurch aber nicht gegangen. Vielmehr sei er erschrocken, als er so vor Augen geführt bekommen habe, wie oft er sich im Verlauf eines Tages ärgere. Mit Abstand betrachtet, müsse er mit seiner Situation im Unternehmen wohl ziemlich unzufrieden sein. Soweit die ersten beiden Coachingsitzungen.

In der dritten und vierten Sitzung lässt sich dann die Bedeutung des Symptoms gemeinsam rekonstruieren: Es ist die unerhörte Klage über eine Organisationskultur, die von ihm verlangt, seine primäre Aufgabe klaglos zu erfüllen. Wer sich ärgere und seinen Ärger zeige, so werde der Belegschaft unterstellt, suche geradezu nach Gründen für ärgerliche Zustände. Ob die Organisation allerdings dafür offen ist, sich sachlicher und fachlicher Kritik zu stellen, lasse sich nicht vorhersagen, halte er aber für unwahrscheinlich. Anscheinend gibt es unzählige Ärgeranlässe mit ganz unterschiedlicher Relevanz. Wo anfangen? Was geht zu Lasten der Organisation, was zu Lasten ihrer Rollenträger?

Die vierte Sitzung endet mit der Verabredung, im Rahmen eines Workshops eine Agenda der Ärgernisse zu erstellen, die es auf ihren rationalen Kern hin zu befragen gelte.

Zorn und Empörung

Zorn entsteht als emotionale Antwort auf eine Behandlung, die der Akteur für nicht gerechtfertigt bzw. für ungerecht erachtet, gleich, welche Absicht er dabei unterstellt. So behandelt zu werden, verletzt nicht nur eine Gerechtigkeitsregel bzw. Fairnessregel, die Verletzung geht mit einer Entwertung einher, die der Akteur als Angriff auf seinen Selbstwert versteht. Lässt er ihn ohne Verteidigung oder Gegenangriff zu, und das womöglich wiederholte Male, droht ihm eine anhaltende Absenkung seines Selbstwertes in Richtung einer Minderwertigkeit. Wird zum Beispiel ein Akteur bezichtigt, er handele ungerecht und entwertend, dann darf nicht von ihm erwartet werden, dass er dies widerspruchslos hinnimmt. Im Gegenteil: Er soll dazu Stellung nehmen, was die Chance bietet, in einen Verständigungsprozess einzutreten. In diesem Sinne ist Zorn häufig der Beginn einer konstruktiven Konfliktbearbeitung.

Würde ein Akteur seine Behandlung als verdient beurteilen, hätte er keinen legitimen Grund, zornig zu sein. In kritischen Situationen wird dann auch kontrovers verhandelt, ob nun eine solche Ungerechtigkeit und Entwertung tatsächlich vorliegt, oder der Akteur sich das nur einbildet. Ist er zu empfindlich oder würde auch ein Dritter, der derselben Gruppe angehört, genauso oder ähnlich empfinden?

Zweifellos gibt es Akteure, die überempfindlich sind und deshalb zu Jähzorn neigen. Jähzorn ist eine sofortige Antwort auf einen Angriff, die sich keine Zeit nimmt, um das Urteil zu prüfen. Ein jähzorniger Akteur transportiert eine narzisstische Selbstgewissheit, die Verallgemeinerungen begünstigt. Dann fühlt er sich nicht nur hier und heute ungerecht und entwertend behandelt, sondern überhaupt, weil er von einem, der seinen Zorn erregt, gar nichts anderes erwartet. Die Diskreditierung des Kritikers soll die Kritik diskreditieren.

Im Unterschied zu einer emotionalen Haltung wie dem Hass, die auf Globalität und Dauerhaftigkeit angelegt ist, hat Zorn eine sehr viel intensivere und kürzere, explosivere Verlaufskurve. Wird Zorn vor Gericht als mildernder Umstand akzeptiert, dann deshalb, weil er so explosiv sein kann, dass der Akteur seine Selbstkontrolle verliert und damit nur noch bedingt zurechnungsfähig ist.

Zorn gehört zu den Emotionen, die wenig geschätzt und deshalb unterdrückt werden sollen. Historisch betrachtet, ist Zorn nur Gott vorbehalten (weil nur Gott absolut sichere Urteile fällt). Im Kontrast dazu gilt er als ein Merkmal von Kindern, die sich noch nicht so kontrollieren können, wie es der Erwachsenenstatus verlangt. Eine Folge dieser Tabuisierung ist es, dass Akteure zornig werden können, weil sie sich provoziert fühlen, selbst zornig zu sein.

Wenn ein Akteur zornig ist, erwartet er unter Umständen von anderen, dass diese sich sofort anstrengen, alles zu unterlassen, was ihn zornig machen könnte; das aber würde heißen, ihm in allem Recht zu geben. Eine solche Unterwürfigkeit ist aber nicht zu erwarten. Wer leicht zornig wird, fühlt sich meist in seiner Autorität und Deutungshoheit, die er für sich in Anspruch nimmt, tief gekränkt; eine »Majestätsbeleidigung« lässt sich aber nur durch eine Satisfaktion aus der Welt schaffen.

Die Rede von einem »gerechten Zorn« legitimiert den Zorn, der damit zur Empörung wird. Wer sich über etwas empört, der impliziert, er sei das Opfer eines moralischen Unrechts, das ihn berechtigt, eine angemessene Satisfaktion oder sonst eine Wiedergutmachung zu verlangen. Freilich ist ein gefühltes Unrecht nicht auch schon ein bewiesenes Unrecht. Insofern markiert Empörung nur einen ersten Schritt, der einen Gerechtigkeitsdiskurs eröffnet. Akteure, die sich einer Begründung entziehen und es bei der emotionalen Aufwallung belassen, geraten schnell in Verdacht, gar keine guten Gründe zu haben.

▶ Fallvignette Zorn und Empörung

Eine weibliche Nachwuchsführungskraft in einer Versicherung fragt Coaching nach, weil sie ihr ständiges Aufbrausen nicht kontrollieren könne und deshalb damit rechnen müsse, Karrierenachteile zu haben. Eine Rekonstruktion ihrer Lebensgeschichte ergibt, dass ihre Kontrollverluste nicht erst aktuell auftreten, sondern wohl bereits seit ihrer Jugendzeit. Wie sich zeigt, gibt es einen gemeinsamen Nenner und der besteht in der Überzeugung, seit jeher immer wieder benachteiligt worden zu sein. Sie sei nicht bereit, dies länger hinzunehmen. Zudem erinnert sie sich an eine Maxime ihrer Mutter, die ihr mit auf den Weg gegeben habe: »Nur wer laut wird, findet Gehör.« Und das als Frau!

Ihr Zorn richtet sich gegen die Praxis ihres Unternehmens, Männer auf der Karriereleiter zu bevorzugen. Trotz gleicher Qualifikation wird Männern mehr zugetraut. So jedenfalls nimmt sie es wahr und ist empört, weil ihre männlichen Vorgesetzten, es immer so hindrehen könnten, dass gleiche Qualifikationen letztlich doch nicht gleich gewertet werden. Sie fügt sich, wird vor unterdrücktem Zorn aber zerrissen, spricht selbst von sich als einem »Rumpelstilzchen«.

Schon mehrfach ist sie aus Sitzungen auf die Toilette geflüchtet, um dort vor Zorn zu heulen und gegen die Wand zu schlagen. Coaching fragt sie nach, um diplomatischer zu werden, was ihr aber über längere Zeit nicht gelingt.

Eine Veränderung zeichnet sich erst ab, als die Mutter-Tochter-Beziehung ausführlicher zur Sprache kommt. Die Rekonstruktion erhärtet den Verdacht, dass eine Delegation in Gang ist. Die Tochter agiert den Zorn aus, den bereits ihre Mutter empfunden habe, als sie sich mit einem Halbtagsjob begnügen musste, der nicht ihren Talenten entspricht. Wäre sie nicht schwanger geworden, hätte sie Karriere gemacht. Da ist die Mutter sich sicher. Wovor sie sich fürchte: dass sie ihr Kind dafür verantwortlich mache, auch wenn sie das nicht wolle.

Rache

Rache setzt die Annahme einer Reziprozität der Anerkennungen voraus. So wie der eine Akteur den anderen anerkennt, gebührt ihm auch, von diesem anerkannt zu werden. Rache ist eine Form der Wiederherstellung eines Gleichgewichts, das als einseitig verletzt wahrgenommen wird. Fühlt sich beispielsweise ein Akteur von einem anderen bzw. durch dessen Äußerungen oder Taten gekränkt, d. h. absichtlich herabgesetzt und entwertet, fügt er ihm als Rache eine vergleichbare Kränkung zu. Um kein Rachebedürfnis aufkommen zu lassen, kann der zuerst kränkende Akteur betonen, dass eine Kränkung nicht in seiner Absicht gelegen habe. In gravierenden Fällen reicht dem gekränkten Akteur jedoch möglicherweise eine bloße Entschuldigung nicht aus und er besteht auf einen Nachweis fehlender Kränkungsabsicht. Ein solcher Nachweis ist freilich nicht leicht zu erbringen, da ohne die Bereitschaft, dem kränkenden Akteur glauben zu wollen, kein Wort zu überzeugen vermag.

Kränkende Äußerungen und Taten können wahr oder unwahr sein. Wer gekränkt ist, macht oft keinen Unterschied dazwischen. Vor allem unangenehme Wahrheiten kränken. Sie anzunehmen, ohne gekränkt zu sein, setzt ein selbstkritisches Reflexionsniveau voraus, über das nicht jeder verfügt. Manches Mal stellt sich heraus, dass eine Kränkung gar nicht durch die Inhalte erfolgt, mit denen ein Akteur konfrontiert wird, sondern allein dadurch, dass es überhaupt jemand wagt, die Wahrheit zu sagen. Zwar heißt es, dass es in vertrauten Beziehungen leichter falle, diesen Mut aufzubringen, dagegen steht jedoch die Erwartung in solchen Beziehungen, von allem Unangenehmen verschont werden zu wollen.

Rachehandlungen gehen Rachebedürfnisse und meist auch Rachephantasien voraus: Ein Akteur beschäftigt sich in seinen Vorstellungen mit den Äußerungen und Taten desjenigen, durch den er sich gekränkt fühlt. Immer und immer wieder. Solange er diese Phantasien für sich behält, bleibt die Beziehung unbelastet. Aber: Eine intensive Beschäftigung mit den kränkenden Äußerungen und Taten kann das

Rachebedürfnis verstärken. Der Akteur steigert sich dann in seine Kränkung hinein: Die kränkenden Äußerungen und Taten erscheinen immer unannehmbarer, bis es zu Rachehandlungen kommt, weil man glaubt, sich dies selbst schuldig zu sein. Will heißen: Es kann der Punkt kommen, an dem es für einen gekränkten Akteur nicht hinnehmbar erscheint, auf Rache zu verzichten, weil ein Verzicht als unerträgliche Minderung des Selbstwertes erlebt wird.

Versöhnung verlangt einen Verzicht auf Rache bzw. einen Ausstieg aus der Rachespirale. Wenn nun ein gekränkter Akteur auf Rachehandlungen verzichtet, kommt es darauf an, wie er diesen Verzicht kommuniziert. Verzichtet er demonstrativ, kann dies als zusätzliche Kränkung erlebt werden – und zwar dann, wenn ihm unterstellt wird, er wolle den Aggressor mit seinem Verzicht beschämen. Wer Manns genug ist, rächt sich! Es gibt Gruppen, in denen erwartet wird, dass sich ein Akteur für eine erlebte Kränkung rächt. Wenn er darauf verzichtet, verliert er sein Gesicht. Folglich muss er sich rächen, auch wenn er selbst kein oder kein ausgeprägtes Rachebedürfnis hat.

Wann gehen Rachebedürfnisse in Rachephantasien und diese in Rachehandlungen über? Meist wagt ein Akteur erst dann, sich zu rächen, wenn er dies tun kann, ohne selbst Schaden zu nehmen, weil er zum einen über die entsprechenden Machtmittel verfügt und zum anderen über eine Maskerade, die seine Handlungen nicht als Rachehandlungen erscheinen lassen. Freilich kann ein Rachebedürfnis so stark, die Kränkung so tief sein, dass der gekränkte Akteur eine Selbstschädigung riskiert. So gibt es sorgfältig geplante Rachefeldzüge, die dieses Risiko zu minimieren suchen, aber auch eine Rache, bei der sich der Akteur von seinem Rachebedürfnis fortreißen lässt, so dass er die Kontrolle verliert.

Selbstschädigend ist es allerdings auch, wenn es ein Akteur bei Rachephantasien belässt. Gibt er sich ihnen hin, kostet ihn dies Zeit und Energie, die ihm an anderer Stelle fehlen. So kann es kommen, dass er hinter seinen Entwicklungsmöglichkeiten zurückbleibt, weil er alle seine Begabungen in die Perfektionierung seiner Rachephantasien investiert. (Dass das raffinierte Ausgestalten von Rachephantasien den Intellekt schult, ist dagegen weit weniger wahrscheinlich.)

Rache zielt auf Vergeltung. Und Vergeltung ist dem treffenden Wortsinn nach die Wiederherstellung einer Geltung, die der eine Akteur für sich beansprucht und der andere bestreitet – oder ihm streitig macht. Das Bestreiten eines Geltungsanspruchs ist ein aggressiver Akt, weil es den Vorwurf impliziert, weniger zu sein, als scheinen zu wollen. Wenn der eine Akteur dem anderen dessen Geltungsanspruch streitig macht, liegt der Fall noch etwas anders. Dann impliziert der Vorwurf zusätzlich, dass eigentlich der Rächer die Geltung verdiene, die der, an dem er sich zu rächen beabsichtigt, für sich beansprucht.

Liegt der Rache eine Missachtung gleicher bzw. gleichberechtigter Geltungsansprüche zugrunde, so fällt auf, dass viele Rachehandlungen über das Ziel einer Wiederherstellung des Gleichgewichts hinausschießen. Rache tendiert dazu, maßlos zu werden, sich erst dann zu begnügen, wenn der andere sozial oder sogar physisch zerstört ist. Um das zu verhindern, werden Grenzen legitimer Rache institutionalisiert. Zu deren markanten Geboten gehört es, Rachehandlungen nicht als emotionale Handlungen einzustufen, sondern als rein sachlich begründete Zwangsmaßnahmen. Deshalb wird dann auch der Mafiakiller, der aus Mordlust tötet, scharf sanktioniert.

▶ Fallvignette Rache

Auftraggeber der Beratung ist der über sechzig Jahre alte Inhaber einer mittelständischen Firma, die Gesundheitstechnik herstellt. Er hat sie vor fünf Jahren von seinem Vater, dem Firmengründer, übernommen. Die Firma ist ökonomisch erfolgreich. Zum Erfolg trägt vor allem ein jüngerer Abteilungsleiter bei, der immer wieder mit kreativen neuen Produktideen, die ihren Markt finden, überzeugt. Er ist jemand, der in seiner primären Aufgabe aufgeht und sich bis zur Erschöpfung verausgabt, was er aber herunterspielt. Zudem bezieht er seine Mitarbeiter in wichtige Entscheidungsprozesse nicht mit ein. Etliche von ihnen sind dadurch gekränkt und drohen mit Abwanderung, was ihn aber anscheinend nicht weiter beunruhigt.

Eine Teamsupervision hält er für verlorene Zeit, worin ihn der Firmenchef bestärkt. Die Firma schreibt seit Jahren schwarze Zahlen, warum sich also Sorgen machen. Die ungeliebte Teamsupervision kommt dann aber doch zustande, wenn auch ohne den Abteilungsleiter. Zudem willigt der Firmenchef in ein paar Coachingsitzungen für sich ein.

Im Verlauf des Beratungsprozesses ergeben sich einige Irritationen: Obgleich der Abteilungsleiter immer erschöpfter wird, sodass mit einem krankheitswertigen Burnout zu rechnen ist, lehnt er mögliche Entlastungen aller Art ab. Der Firmenchef erfährt davon, kümmert sich aber nicht. Im Gegenteil: Er lobt seinen Abteilungsleiter für dessen schier grenzenlosen erfolgreichen Einsatz in den höchsten Tönen. Damit idealisiert er ihn, um so die kritische Situation für die Firma und ihre Angestellten nicht wahrnehmen zu müssen. Immer wenn der Coach dies anspricht, droht ihm der Firmenchef mit der Beendigung seines Auftrages. Wie so oft bei Idealisierungen verbirgt sich hinter einer demonstrativen Wertschätzung eine heftige Aggression.

Als sich der Coach für die Firmengeschichte interessiert, ist der Firmenchef nur zögernd bereit, darüber zu sprechen. Mit der Zeit wird aber eine denkbar schlechte Vater-Sohn-Beziehung deutlich. Wie der Firmenchef von seinem Vater spricht, lässt eine tiefe Kränkung vermuten. In der Tat: Er ist tief gekränkt, weil sein Vater die Übergabe der Firma an ihn trotz anderslautender Versprechen über Jahre hinausgezögert hat, was der Sohn als Misstrauen in seine Fähigkeiten interpretiert. Als der Sohn dann doch noch die Firma übernimmt, muss er sich von seinem Vater anhören, er habe sich in ein »gemachtes Nest« gesetzt. Der Vater lanciert eine Erzählung, die den Sohn innerhalb und außerhalb der Familie als unverdienten Nutznießer des ökonomischen Erfolges des Vaters verunglimpft, und die eigentlich die Schwierigkeiten des Vaters maskiert, sich in den Ruhestand zu verabschieden.

Derart gekränkt, sinnt der Sohn auf Rache, was er zunächst weder anderen noch sich selbst eingesteht. Wie aber kann er sich rächen, ohne dass dies ruchbar wird? Als Antwort liegt folgende Rekonstruktion nahe: Indem der Firmenchef seinen Abteilungsleiter idealisiert und damit gleichzeitig die Risiken seines möglichen Burnout verleugnet, kann es soweit kommen, dass das Werk des Vaters zerstört wird – zur unbewussten Genugtuung seines Sohnes! Dass er sich anschließend als Retter in Szene setzt, ist denkbar.

Ekel und Verachtung

Haben Akteure einen Anspruch auf Beachtung? Streng genommen wohl nicht. Beachtung im Sinne einer Aufmerksamkeit, die ein Akteur einem anderen zukommen lässt, ist eine Ressource, ohne die niemand an Interaktions- und Kommunikationsprozessen partizipieren kann. Wer von anderen nicht beachtet – aufmerksam wahrgenommen – wird, der ist sozial nicht existent: ohne Beachtung keine Achtung.

Achtung ist eine respektvolle Bewertung von dem, was Beachtung gefunden hat, zumeist eine positive Bewertung, wobei freilich auch ein Akteur dafür geachtet werden kann, dass er eine negative Bewertung abgibt, z. B. dann, wenn es Zivilcourage verlangt, dies zu tun. Faktisch kann es auch umgekehrt sein: Dann führt die Achtung eines Akteurs und seines Anliegens dazu, die bisherige Wahrnehmung zu differenzieren: Achtung erhöht die Beachtung.

Wenn ein Akteur einen anderen verachtet, dann achtet er ihn nicht bzw. entzieht er ihm seine bisherige Achtung, weil er zu dem Schluss gekommen ist, dass er diese gar nicht verdient hat. Oft geht einem solchen Entzug eine tiefe Enttäuschung voraus. Eine Verschärfung der Situation liegt vor, wenn ein Akteur den anderen nicht nur nicht (länger) achtet, sondern ihn (infolgedessen) auch nicht (länger) beachtet. Dann wird der andere totgeschwiegen und wie Luft behandelt. So wird aus einer Verachtung eine Ächtung.

Kein Akteur kann einen anderen allein ächten. Ächtung impliziert, dass eine ganze Gruppe Achtung und Beachtung verweigert. Wer einen anderen ächten will, muss also für Bündnispartner sorgen, die mit ihm übereinstimmen und ihre Handlungen auf seine abstimmen. Ächtung ist eine kollektive Maßnahme, die soziale Isolierung und sozialen Ausschluss betreibt. Zugespitzt formuliert, will Ächtung den sozialen Tod des Geächteten und lässt deshalb auch keine (andere Form der) Wiedergutmachung zu. Verachtung vergiftet eine Beziehung dauerhaft.

Verachtung lässt sich auch als moralischen Ekel bestimmen. Wie im Falle des körperlichen Ekels wird ein toxischer Inhalt reflexhaft »ausgespuckt«, um sich vor einer drohenden Vergiftung zu schützen. Der Akteur überlegt nicht. Sein Körper übernimmt die Regie. Besser zu schnell reagieren als zu langsam. Moralischer Ekel benötigt keine geprüften Urteile. Der andere wird mit einer zweifelsfreien Selbstgewissheit verurteilt und mit Verachtung belegt. Anschließend zieht der Akteur eine Grenze, die den anderen auf die maximal mögliche Distanz bringt. Wer einen anderen verachtet, bleibt meist in Deckung. Denn Verachtung ist eine scharfe Entwertung, die (entgegen dem Anschein) möglicherweise keiner Überprüfung standhält bzw. der Akteur ahnt und fürchtet das. In seiner Verachtung des anderen nimmt der Akteur eine moralische Überlegenheit für sich in Anspruch, die keiner Begründung bedarf, weil sie der Sicherung des Überlebens dient, die – so jedenfalls erlebt es der Akteur – nicht strittig sein kann.

▶ Fallvignette Ekel und Verachtung

Der Stellenbesetzung einer leitenden Angestellten in einem katholischen Pflegeheim geht ein langwieriger Prozess voraus, in dem zahlreiche Bewerber und Bewerberinnen in mehreren Runden gesichtet worden sind. Von außen betrachtet, gewinnt man leicht den Eindruck, die Stelle solle vielleicht gar nicht besetzt werden, zumal dadurch Geld eingespart werden könne, wie es der Träger in den letzten Haushaltsverhandlungen generell gefordert hat. Wie sehr ein derartiges Misstrauen berechtigt ist, lässt sich nur schwer entscheiden.

Nach mehrmonatiger Vakanz sieht es so aus, als käme doch noch eine Stellenbesetzung zustande. Das Besetzungsgremium einigt sich darauf, die Stelle einer erfahrenen älteren Pflegekraft anzubieten, die bereits seit Jahren in dem Heim beschäftigt ist. Sie selbst hat sich gar nicht beworben, kann sich aber gut vorstellen, die Leitung zu übernehmen. Allerdings irritieren sie zwei Botschaften, die ihr von Anfang an vermittelt werden und sie unter Druck setzen: Wenn sie die Stelle nicht annimmt, bleibt diese vakant; der Personalstand wird definitiv nicht erhöht.

Sie gerät in ein Dilemma, für dessen Klärung sie sich einen Coach engagiert. Sie fühlt sich in der Pflicht, die Stelle anzunehmen, glaubt aber, dass ihre Kollegen und Kolleginnen nicht wirklich hinter ihr stehen, sondern nur deshalb nicht gegen sie votieren, weil ohne sie die Belastung für alle nur größer wird, also aus egoistischen Interessen, nicht, weil sie sie für geeignet hielten. Dass sie unter diesen Bedingungen bereit ist, die Stelle anzunehmen, bringt sie selbst mit einem Ethos der Pflichterfüllung in Verbindung. Wenn sie die verfahrene Situation retten könne, werde sie das auch tun. Dankbarkeit erwarte sie nicht. So tritt sie die Stelle an und Dankbarkeit bleibt aus. Als ihr Coach sagt, er an ihrer Stelle wäre wohl tief enttäuscht, weist sie diese Deutung mit einer Entwertung zurück: »Ja, Sie!«

In den folgenden Coachingsitzungen wiederholt sich dieses Spiel: Sie besteht dem Coach gegenüber vehement darauf, dass alles in Ordnung sei. Ihm fällt auf, dass sie nach einem solchen Statement meist verbissen schweigt und ihn von oben bis unten mustert – und zwar, was sich der Coach anfangs gar nicht zu denken wagt: angewidert. Als er ihr in einem günstigen Moment am Ende der Sitzung seine Wahrnehmung mitteilt, löst er damit bei ihr einen kurz aufwallenden Wortschwall über die Entwertung heutiger Pflegekräfte aus, den der Coach als Belehrung erlebt. Den nächsten Termin sagt sie kurzfristig ab; auf eine E-Mail-Nachfrage antwortet sie nicht.

Enttäuschung

Einer bekannten Lesart folgend, ist (Ent-)Täuschung die Aufhebung einer Täuschung, insbesondere einer Selbsttäuschung. Der Akteur hat bislang einen für ihn positiven Sachverhalt für gegeben, wahr und richtig gehalten, und muss nun einsehen, dass er sich ein unzutreffendes Bild von sich und der Welt gemacht hat. Diese Einsicht ist schmerzlich, aber nicht so sehr deshalb, weil das Bild falsch ist, sondern weil Selbsttäuschung und Täuschung dafür gesorgt haben, sich gut zu fühlen. So gesehen, verlangt die Anerkennung der Realität, auf ein überhöhtes Selbstwertgefühl zu verzichten. Zwar kann ein Akteur auch aus einer illusionslosen Haltung sich selbst und der Welt gegenüber Gratifikationen gewinnen, aber doch sehr viel schwerer, als wenn ein blinder Glaube den Wunsch zur Wirklichkeit verklärt. Eine solche Verklärung kommt umso leichter zustande, je mehr andere Akteure als Korrektiv ausfallen: weil sie den blinden Glauben teilen oder es aus Angst vor Sanktionen nicht wagen, Kritik anzumelden.

Akteure können nicht nur von anderen, sondern auch von sich selbst enttäuscht sein. Das geschieht dann, wenn sie hinter den an sich selbst gestellten Erwartungen offensichtlich zurückbleiben. Ein solches Zurückbleiben kann lange unentdeckt bleiben, vor allem dann, wenn es dem Akteur gelingt, Situationen zu vermeiden, in denen er sich einer Realitätsprüfung stellen muss. Mit gravierenden Folgen: So kann ein Akteur sein Leistungspotenzial nicht ausschöpfen, weil er mit dem Vermeiden der Realitätsprüfung auch die Chance verspielt, sich zu verbessern.

Kommt es zu Enttäuschungen, sind verschiedene Reaktionen denkbar: Ein enttäuschter Akteur kann sich ärgern und seinen Ärger bis zur Wut steigern, die er gegen die richtet, die ihm die Enttäuschung bereitet haben, aber auch gegen sich selbst, weil er sich hat täuschen lassen. Ein enttäuschter Akteur kann auch traurig und resigniert sein. Trauert er, dann erkennt er die Differenz an, die zwischen Realität und Täuschung besteht, und gewinnt dadurch die Möglichkeit, auf realitätsverzerrende Illusionen zu verzichten; resigniert er, dann erlebt er die Differenz als unüberbrückbar, weshalb er sie nur ertragen, aber nicht beeinflussen kann.

Ein enttäuschter Akteur repariert seine Selbsttäuschung, indem er die Realität nur so weit anerkennt, wie er es nicht vermeiden kann, und im Übrigen nach einer Rationalisierung sucht, die es ihm erlaubt, seine Selbsttäuschung als zutreffendes Bild seiner selbst glaubhaft aufrechtzuerhalten. Ein (ent-)täuschter Akteur erkennt an, dass sein Bild von sich eine Selbsttäuschung ist. Indem er untersucht, wozu er diese Täuschung benötigt, kann er seine Selbsterkenntnis und mit ihr seine Realitätsorientierung erweitern.

▶ Fallvignette Enttäuschung

Ein Abteilungsleiter, der die Abteilung selbst aufgebaut hat und auch erfolgreich führt, fragt Coaching nach, weil er völlig überraschend mit dem Gerücht konfrontiert ist, man wolle sich im Rahmen von Umstrukturierungsmaßnahmen von ihm trennen. Er kann es nicht glauben, hat man ihn doch noch vor Kurzem auf ein hochkarätiges Führungskräfteseminar geschickt, was doch wohl heißen würde, man sei mit ihm zufrieden und plane auch die Zukunft mit ihm. Nun muss er feststellen, dass er die Zeichen falsch gedeutet hat. Allerdings sucht er kein Gespräch, sondern hält still, was ihn vorübergehend beruhigt. Dann aber wird das Gerücht zu einer vollendeten Tatsache, als man ihn zu einer Abfindungsverhandlung einlädt. Er lässt den Termin verstreichen, quält sich mit einer gedanklichen Aufzählung all der Loyalitätsbeweise, die er in seiner Erinnerung dem Unternehmen bereits erbracht hat.

So hat er im Auftrag der Geschäftsleitung seine Abteilung verkleinert und das weitgehend geräuschlos. Und nun soll ihm auf ähnliche Weise übel mitgespielt werden? Der Coachee ist tief enttäuscht. Er nimmt Urlaub, um sich zu sammeln. Der Empfehlung von Freunden, sich für das anstehende Verfahren einen Rechtsbeistand zu nehmen, folgt er nicht. Auch einen zweiten Termin mit der Geschäftsleitung lässt er verstreichen. Er wird zunehmend deprimierter und lässt sich Antidepressiva verschreiben, die aber nicht verhindern können, dass er sich heftige Vorwürfe macht, wohl übersehen zu haben, was für Kräfte hinter seinem Rücken gegen ihn in Stellung gegangen sind.

In einer der letzten Coachingsitzungen thematisiert er einen Traum, der ihn tief erschreckt hat. Er träumte, dass er mit seinem Dienstwagen gegen einen Chausseebaum rast, aber unverletzt aussteigt, während sich der zersplitterte Baum in die Schranke auf dem Firmenparkplatz verwandelt. Der Traum lässt sich als Ausdruck einer Ambivalenz verstehen, durch die der Coachee zwischen suizidalen und mörderischen Impulsen schwankt. Als die mörderischen Impulse die Oberhand gewinnen, denkt er ernsthaft über einen Sabotageakt nach.

Durch solche Gedankenspiele wird der Coach zu seinem Mitwisser. Er tut gut daran, weder eine Komplizenschaft einzugehen noch die Empörung des Coachee klein zu reden. Im vorliegenden Fall hat sich der Coachee letzten Endes einen Rechtsbeistand genommen und eine gute Abfindung erhalten. Die Enttäuschung aber sei geblieben und habe ihn gelehrt, sich nie mehr so vertrauensselig zu engagieren.

Traurigkeit und Trauer

Trauer ist die emotionale Antwort auf einen Verlust, der als existenzielle Bedrohung erlebt wird. Jeder derartige Verlust nimmt den Tod vorweg, den alle Menschen sterben müssen. Der eigene Tod ist der größte Verlust, sollte man meinen. Die Erfahrung zeigt indessen, dass der Tod eines hoch bedeutsamen anderen persönlich als der größere Verlust erlebt wird. Das hat mit der besonderen existenziellen Situation des Sterbens zu tun: Da wir unseren eigenen Tod im Unterschied zum Tod eines anderen nicht überleben, kennen wir diese Verlusterfahrung immer nur aus zweiter Hand.

Ein Akteur ist nicht nur dann traurig, wenn er selbst einen schmerzlichen Verlust erlitten hat, der Verlust, den ein bedeutsamer anderer erleidet, schmerzt ihn kaum weniger: Die Traurigkeit, die dieser erlebt, macht den Akteur selbst traurig – und das umso mehr, je verbundener er sich dem anderen fühlt.

Alles, was von existenzieller Bedeutung ist, ruft bei seinem Verlust Trauer hervor, dies können nicht nur Mitmenschen, sondern auch sinnstiftende Wertsysteme sein, nachdem sie zusammengebrochen sind.

Es lassen sich produktive und unproduktive Formen der Trauer unterscheiden. Unproduktiv sind Formen, bei denen die Gedanken des trauernden Akteurs ständig um seinen Verlust kreisen, ohne einen Ausweg zu finden. Die Lähmung, die sich der Akteur dadurch letztlich selbst zufügt, erscheint als das funktionale Äquivalent des betrauerten realen Verlustes: Wer tief traurig ist, opfert seine Vitalität.

Produktiv ist Trauer dann, wenn der Akteur seinen Verlust annimmt und ihn in sein Leben integriert, ohne ihn zu verleugnen. Verlusterfahrungen können Lebenspräferenzen zurechtrücken und neue Prioritäten setzen.

Ob jede Trauer unterdrückte Wut ist, wie gelegentlich angenommen wird, bleibt fraglich. Gleiches gilt für die Annahme, dass ein Ausagieren dieser Wut die Trauer abklingen lässt. Zweifellos kann Wut als Antidepressivum wirken, indem sie den Akteur aus seiner lähmenden Passivität reißt. Agieren ist aber kein überlegtes Handeln, so dass es destruktive und selbstschädigende Folgen haben kann.

Verluste von Organisationsmitgliedern sind sehr verschieden. Sie reichen vom Verlust einer Mitgliedschaft durch Kündigung über die Auflösung von Organisationseinheiten wie Abteilungen und Teams bis hin zum Untergang einer gesamten Organisation. Solche Verluste werden meist als negativ angesehen, müssen es aber nicht sein. Denn sie können auch verhindern, dass es zu einer kontrafaktischen Stabilisierung kommt: Bei einer solchen werden weiterhin die verfügbaren Ressourcen investiert, obwohl längst sichtbar geworden ist, dass es nicht gelingt, die primäre Aufgabe zufriedenstellend zu erfüllen. Da trifft das Sprichwort zu: Besser ein Ende mit Schrecken als ein Schrecken ohne Ende.

Meist fällt es allen Betroffenen schwer, eine zukunftslose Organisation aufzugeben, und das umso schwerer, je größer die bisherigen Investitionen der Organisation und ihrer Mitglieder gewesen sind. Nicht selten nimmt in solchen Fällen magisches Denken zu: Solange alle hochgestimmt weiterhin »business as usual« betreiben, scheint keine Gefahr zu bestehen – und weil keine Gefahr zu bestehen scheint, bedarf es auch keiner Analyse der aktuellen Gewinn- und Verlustrechnung, denn die würde unweigerlich nach den Verantwortlichen fragen. Damit wird nun aber der Trauerprozess abgewehrt, der Voraussetzung für eine selbstkritische Realitätsprüfung und einen möglichen Neuanfang ist.

Während sich Organisationen an ihrer Effektivität und Effizienz messen lassen müssen, sind dies Standards, die Trauerprozessen zuwiderlaufen. Akteure, die trauern, befinden sich in einer Ausnahmesituation, in der sie die Erwartungen, die sonst an sie gestellt werden, nicht erfüllen müssen, und bei Nichterfüllen in der Regel auch keine Sanktionen zu befürchten haben. Dies gilt weltweit. Unterschiede bestehen darin, dass es Grenzen für die Länge der Ausnahmesituation gibt: Trauernde dürfen ihre Trauer nicht übertreiben, sonst geraten sie in Gefahr, stigmatisiert zu werden. Versuchen leistungsorientierte Organisationsmitglieder diese eigensinnigen Trauerprozesse nach Belieben abzukürzen, kann es – von Gesundheitsrisiken abgesehen – zu mehr oder weniger bewussten Widerständen kommen, zu denen gelegentlich auch Sabotageakte gehören.

▶ Fallvignette Traurigkeit und Trauer

In einem Marketing-Unternehmen häufen sich die Fehlzeiten. Ständig sind Mitarbeiter krank, aber nie so viele, dass das laufende Geschäft gefährdet wäre. Unter diesen Umständen neue Kunden zu akquirieren, ist allerdings grenzwertig. Die Geschäftsleitung hat den Verdacht, dass nicht alle ihrer – ordnungsgemäß krankgemeldeten – Mitarbeiter tatsächlich so krank sind, dass sie nicht arbeiten könnten, wenn sie nur wollten. Schnell werden die kranken Mitarbeiter unter Verdacht gestellt, die Erfüllung ihrer primären Aufgabe zu verweigern. Man vermutet eine Protesthaltung, ohne genau zu wissen, gegen was oder wen der Protest gerichtet sein könnte.

Erste Gesprächsversuche kommen nicht recht voran. Was schnell einleuchtet, ist eine Zunahme an Belastungen, die aus einer kürzlich erfolgten Stellenreduzierung der Belegschaft resultiert. Die Geschäftsleitung stellt neue Stellen in Aussicht, wenn die Zahl der Aufträge zunimmt. Die Mitarbeiter misstrauen diesem angebotenen Deal, da die Auftragssituation immer besser wird, ohne dass es zu Neueinstellungen kommt. Da der Betriebsrat in dem Unternehmen schwach ist, glaubt kaum jemand an eine Entlastung.

Ist der Protest bisher eher stumm geblieben, ändert sich das aufgrund eines Ereignisses, das das Erleben in der Belegschaft auf den Punkt bringt: Von einem der Mitarbeiter weiß man, dass er seit Monaten eine schwer krebskranke Frau zuhause hat, deren Pflege ihn ein großen Teil seiner Kraft kostet, und dennoch erledigt er sein Pensum ohne Beanstandung. Was er aber nicht schafft, ist seine Trauer zu verbergen, wie sie sich etwa in plötzlichem Weinen äußert, was im Gegensatz zu einer ungeschriebenen Erwartung der Geschäftsleitung an ihre Belegschaft steht: immer optimistisch in die Zukunft zu blicken.

Erst vor kurzem hat das Unternehmen seiner Belegschaft eine Fortbildung in positiver Psychologie verordnet; Teilnahme mehr als erwünscht. Seitdem gehört die Warnung und der aus ihr resultierende Anspruch, »sich ja nicht [emotional] herunterziehen zu lassen«, zu den Leitlinien. Wer trauert ist damit überfordert oder zwingt sich dazu, sein Leben in zwei konträre Lebensbereiche zu teilen.

Als die Geschäftsleitung ihren trauernden Mitarbeiter freistellt, tut sie dies nicht aus Mitgefühl, sondern auf milden Druck anderer Mitarbeiter, die sich nicht dauernd mit seinem sichtbaren Leid konfrontiert sehen wollen. Wenn dann noch der gut gemeinte Vorschlag aufkommt, ihn umzusetzen, damit er mehr Ruhe habe, sein Umzug aber zu seiner sozialen Isolierung führt, werden die Ohnmachtsgefühle deutlich, mit denen alle zu kämpfen haben.

6 Die Emotionen der Beratenden

In diesem Buch stehen die Emotionen der Klienten bzw. Kunden im Vordergrund, die eine Beratung zur effektiveren und effizienteren Bewältigung ihrer primären Aufgabe und ihres primären Risikos in Auftrag geben. Dabei wird unterstellt, dass Emotionen einen wesentlichen Anteil sowohl an der Entstehung von Problemen als auch an deren Lösung haben. Sie sind zwar nicht alles, was die Akteure in Organisationen beschäftigt, weshalb es der falsche Weg wäre, sie gegen Kognitionen und Entscheidungen ausspielen zu wollen. Aber sie sind ein Faktor, der nach meiner Erfahrung zu gering geschätzt wird.

Zwar hat die Überschätzung einer emotionslosen Rationalität inzwischen an Boden verloren, mit einer Logik von Emotionen, wie ich sie hier exemplarisch für verschiedene Emotionen skizziere, wissen viele Berater trotzdem noch zu wenig anzufangen. Das braucht nicht zu verwundern, da diese Logik in den Curricula von angehenden Beratern nur selten (systematisch) Thema ist. Soll in dieser Frage ernsthaft Abhilfe geschaffen werden, gilt es, emotionale Kompetenz in den Rang eines Beratungszieles für den Klienten bzw. Kunden zu erheben. Dieses Ziel kann ein Berater allerdings nur dann Erfolg versprechend verfolgen, wenn er über eine professionelle Regulierung seiner eigenen Emotionen verfügt, wenn er seine eigenen Emotionen identifizieren, differenzieren und verbalisieren kann. Im günstigsten Fall kommt zwischen allen Beteiligten ein »emotionaler Dialog« in Gang, der hilft, die zur Beratung anstehenden Sachfragen und Entscheidungen zu vertiefen.

Dabei kann eine Wahrnehmungseinstellung produktiv sein, die die Beratungssituation selbst als ein Arbeitsbündnis betrachtet, in dem sich die Themen spiegeln, mit denen der Klient bzw. Kunde in die Beratung kommt. Um diese Erkenntnismöglichkeit zu nutzen, müssen sich alle Beteiligten als Akteure begegnen, die nicht nur einander zu denken geben, sondern sich immer auch emotional berühren. Ohne Bereitschaft zu einer selektiven Selbstenthüllung wird dies nicht gelingen. Aber wie schon gesagt: Emotionen sind eine Beratungsfacette unter anderen. Nicht mehr, nicht weniger.

Sollen die Themen, die das vorliegende Buch anspricht, fortgeschrieben werden, bieten sich aus meiner Sicht drei weitere an: die Frage nach einer berufs- und professionsspezifischen Emotionalität (Welche Emotionen werden bei welcher Art von Erwerbsarbeit verstärkt, welche abgeschwächt?); die Frage nach der psychohygienischen Funktion von Emotionen im Rahmen gesundheitlicher Selbstfürsorge (Welche Emotionen werden als psychisch entlastend erlebt, welche als belastend?); die Frage nach der Vermarktung von Emotionen (Wie und mit welchem Erfolg werden emotionale Klimata hergestellt, um Einfluss auf Arbeit und Konsum zu nehmen?).

Das vorliegende Buch möchte Beratenden, die in der Arbeitswelt unterwegs sind, eine Hilfe bieten, ihr Erleben und Handeln zu reflektieren, um ihr professionelles Selbstverständnis zu erweitern und ihre Wirkmächtigkeit zu erhöhen. In wieweit das gelungen ist, beurteilen diejenigen, die es dafür nutzen.

7 Bücher zur Vertiefung

Ashkanasy, N. M., Zerbe, W. J., Härtel, C. E. J. (ed.) (2002). Managing emotions in the workplace. London: Routledge.
Barbalet, J. (ed.) (2002). Emotions and Sociology. Oxford: Wiley-Blackwell.
Ben-Ze'ev, A. (2009). Die Logik der Gefühle: Kritik der emotionalen Intelligenz. Frankfurt a. M.: Suhrkamp.
Bergknapp, A. (2002). Ärger in Organisationen: Eine systematische Strukturanalyse. Opladen: Westdeutscher Verlag.
Böhm, T., Kaplan, S. (2009). Rache. Zur Psychodynamik einer unheimlichen Lust und ihrer Zähmung. Gießen: Psychosozial-Verlag.
Bourke, J. (2005). Fear: a cultural history. Emeryville: Virago.
Fineman, St. (2000). Emotion in Organizations (2nd ed.). London: Sage.
Fineman, St. (2003). Understanding emotion at work. London: Sage.
Harrè, R., Parrott, P. G. (eds.) (1996). The emotions: social, cultural and biological dimensions. London: Sage.
Haubl, R. (2009). Neidisch sind immer nur die anderen. Über die Unfähigkeit zufrieden zu sein. München: Beck.
Haumer, H. (1998). Emotionales Kapital. Entscheiden zwischen Vernunft und Gefühl. Wien u. a.: Orac.
Kahle, G. (Hrsg.) (1981). Logik des Herzens: Die soziale Dimension der Gefühle. Frankfurt a. M.: Suhrkamp.
Kolnai, A. (2007). Ekel, Hochmut, Haß: Zur Phänomenologie feindlicher Gefühle. Frankfurt a. M.: Suhrkamp.
Küpers, W., Weibler, J. (2005). Emotionen in Organisationen. Stuttgart: Kohlhammer.
Lotter, M.-S. (2012). Scham, Schuld, Verantwortung: Über die kulturellen Grundlagen der Moral. Frankfurt a. M.: Suhrkamp.
Neckel, S. (1991). Status und Scham: Zur symbolischen Reproduktion sozialer Ungleichheit. Frankfurt a. M./New York: Campus.
Schützeichel, R. (Hg.) (2006). Emotionen und Sozialtheorie: Disziplinäre Ansätze. Frankfurt a. M./New York: Campus.

Springer, A., Gerlach, A., Schlösser, A.-M. (Hrsg.) (2005). Macht und Ohnmacht. Gießen: Psychosozial-Verlag.

Springer, A., Janta, B., Münch, K. (Hrsg.) (2011). Angst. Gießen: Psychosozial-Verlag.

Svendsen, L. (2005). A philosophy of boredom. London: Reaktion books.

Tavris, C. (1992). Wut: das missverstandene Gefühl. Hamburg: Hoffmann und Campe.

Wassmann, C. (2002). Die Macht der Emotionen: Wie Gefühle unser Denken und Handeln beeinflussen. Darmstadt: Wissenschaftliche Buchgesellschaft.